邱少云

中国梦•青少年致敬英雄篇

编 著：孙莹莹

黑龙江美术出版社

前　言

凡可称经典者，必具备以下特质：第一，经由人类文化、文明史千锤百炼般检验后依然万古长存，深受一代代读者的垂青和热读；第二，不会因为社会政治、经济、文化环境的变迁而改变传播命运；第三，所蕴含的人生理念、美育观点、知识能量、人伦教理，永远是人类正能量取之不竭的源泉，即所谓的“源头活水”；第四，具有人类普世的价值内核。当然，经典有时会表现出那么一点点的不与时俱进，有时还会表现出那么一点点的非现代化，但是经典永远不会引领人类走向歧途。对于一个民族来说，没有经典文化的代代传播和代代阅读，这个民族就没有立足世界的本根；同样，没有经典的世界，也就妄谈人类文明。经典文化犹如快速奔跑、努力拼搏着的人类的老母亲，她会在你有些忘乎所以的狂热之时提醒你一句：放慢脚步，等一等你的灵魂。正因为如此，在人类现代化程度如此之高的 21 世纪，阅读经典的热潮才会一波高过一波，这是人类的希望所在。因为人类没有因为高科技带来的现代化快节奏生活而忘记深情回望一眼自己的母亲，再聆听一下母亲那似乎有些老套但绝对本质的叮咛。

“少而好学，如日出之阳。”从青少年开始阅读经典，会牢牢铸就孩子一生的营养健康基因。这种营养的投入，就像某种产品的间接成本，说不上它作用于孩子未来的哪一个方面，但绝对是成就孩子理想健康人格和综合素质所必要的。

这套用眼镜蛇卡通形象为标识的青少年版经典文化书系，由三个系列组成，第一系列——“影响孩子一生的国学典藏书系”，它荟萃了中华文化浩瀚海洋中的精华，从古老的《诗经》到浪漫的唐诗、宋词、元曲、明清小说，从经典的蒙学读物到诸子的智慧篇章，从充满想象力的神话故事到上下五千年的历史……可谓循序而进，万象毕集。第二系列——“中国孩子必读的世界经典名著书系”，它汇集了世界经典文学读本，意在通过世界不同国家的经典名著的阅读，打开孩子观望世界的窗口，培养孩子博大的文化胸襟、融入世界的思维方式和情感趋向。毕竟，人类已经进入了地球村的时代，世界经济也正在走向一体化。第三系列——“中国梦·青少年致敬英雄篇”，它囊括了为国牺牲、献出年轻生命的英雄们的故事，刘胡兰、董存瑞、雷锋等人物形象历历在目、栩栩如生，旨在让青少年在阅读中重温过去，了解历史，感受革命与传统的震撼，感受红色浪潮的冲击，从而受到爱国主义、民族精神的教育。

最后须要强调的是，“经典”是一个开放的系统，因此本套“眼镜蛇经典文化书系”在现有诸多品类的基础上，还会不断增加新的内容，以满足青少年读者对阅读的渴望。

编　者

目　录

童年的苦难

1926年，邱少云出生在四川省铜梁县的一个佃农家里。他从小生活很苦，11岁那年，家乡发生了大旱灾，庄稼颗粒无收。

日子实在过不下去了，13岁的哥哥只得去给地主放牛。爸爸为了养家，给资本家拉纤，肩膀磨肿了，腿走肿了，好不容易熬到了三个月合同满，可资本家不守信用，克扣工人的工钱。

爸爸是条硬汉子，咽不下这口气，便领头闹事。资本家怀恨在心，趁夜深人静时下了毒手，将爸爸害死在安溪河里。

爸爸的惨死，使妈妈受到严重的打击，妈妈从此一病不起。邱少云再也听不到妈妈那即兴的温馨的摇篮曲了，再也看不见妈妈那充满希望和自豪的神情了。

邱少云看着妈妈，他在一夜之间变得成熟了，脸上很难再找到童年的影子。

邱少云沉默寡言，他默默地帮着妈妈干活儿。几年之后，他俨然变得像个大人似的。

当时的中国，抗日战争到了最艰苦的时刻，蒋介石不抗日，却对工人农民采取高压政策，地主恶霸残酷地压榨和剥削农民，人们生活在水深火热之中。

妈妈的病愈来愈重，可为了孩子，她拖着病重的身子挣扎着。在邱少云13岁那年，妈妈也含冤离开了人世。

邱少云记得：妈妈在临终前，拉着邱少云的手，说："少云，妈妈就要不行了，妈妈有句话要对你说，你要活得有志气，不管多难，你要带好弟弟，不管多难，你要为你爸爸报仇！"

邱少云哭着说："妈妈，你要挺住，我去找草药，我去求大夫，我要你看着你的儿子怎样报仇！"

妈妈无力地摇头说："我等不到那一天了……"

"妈妈，我不愿意你就这么走，我现在就去报仇！"

妈妈了解自己的儿子，她相信儿子是这么想的，也会这么做！

妈妈要儿子做个有志气的人，她要儿子报仇，但她更清醒地知道，邱少云毕竟还是个孩子，现在就去报仇会送命的！

妈妈艰难地呼吸着，她挣扎着说："你，还小，妈妈不希望你现在去拼命，君子报仇，十年不晚，你要记住……"

妈妈还想说些什么，还想再嘱咐邱少云些话，但她没气力了。邱少云焦急地呼喊："妈妈，妈妈，要怎样，你说呀，妈——"

妈妈再也听不到邱少云的呼喊了，她含泪离

开了孩子们。

由于哥哥离开家乡出外谋生，家里沉重的生活担子完全落在了邱少云身上。他带着两个弟弟，背一个，牵一个，提着妈妈留下的破篮子四处要饭，挨冷受饿，顽强地生活下去。

邱少云替地主放过牛，干过长工，当过学徒，他就这样艰难地熬着。

被抓壮丁

妈妈的离去，邱少云非常难过，他记住了妈妈临终前嘱咐的话，他知道自己现还不能去拼命，他要有勇有谋，不要急躁，从长计议。君子报仇，十年不晚。

邱少云把仇恨埋在心里，时刻等待着时机。

这一年，邱少云的家乡铜梁县大旱，逃荒要饭的人越来越多，人们艰难地挣扎着。

邱少云家的生活更加困难，但他记住了妈妈的嘱咐，不管多难也要带好弟弟。于是邱少云拉着弟弟加入到逃荒要饭的行列中。

邱少云和弟弟开始了流浪生活。

刚开始，邱少云领着弟弟到外乡打短工，扛长活儿。只要能糊口，割草、放牛，他什么都干。

邱少云每天早起晚睡，受尽了剥削、屈辱和折磨，他和弟弟过着牛马不如的生活。

邱少云的弟弟实在受不了，对他说："哥，咱回家吧，这些财主心肠太黑，太狠毒了，咱回家吧……"

邱少云心疼地看着弟弟，他决定辞工回家。

邱少云是给一家姓刘的地主当长工。地主听说邱少云要走，就冷冷地一笑，说："你兄弟俩吃我的饭，睡我的屋，干这么两天就要溜，没那么便宜！你们到十里八乡打听打听，哪个泥腿子敢在我刘家这么放肆！你还敢要工钱，吃了豹子胆！给我干到收秋，到时候老爷我高兴了，就让你们走！"

邱少云想：恶霸地主一定是看自己既能干又能吃苦，想继续强迫他当长工！

邱少云没有反驳，他心里牢牢记着妈妈的嘱托，就这样，邱少云又在刘家继续干了。

一天夜里，邱少云推完磨之后，他领着弟弟溜出了这个万恶的深渊，踏上了回家的路。

路上，兄弟俩忍饥挨饿，他们不敢停留，害怕被刘家的家丁给抓回去。

邱少云带着弟弟，沿着安溪河走了一个多月，才回到了自己的家乡——邱家湾。

兄弟俩高高兴地冲进家，邱少云推开家门，眼前的一切，让兄弟俩惊得目瞪口呆。

家里的东西都不见了，只有一条破被子和一件烂棉袄扔在墙角里。

弟弟哭了起来："咱家的东西呢？"

邻居家的大叔告诉他们说："都让保长拿走了。你们走后，乡里不断派粮派款，你家没人，保长就拿你家的东西顶了。"

大叔还说："不只你一家，咱邱家湾，十家有八家都快给抢空了！这官家，比土匪还厉害！"

邱少云的家乡——邱家湾仍然处在灾荒之中，逃荒的人中也有回来过的，但一看无法生活就又到外乡讨要去了。

邱少云看到这里没有活路，他又拉着弟弟离开了家乡。

邱少云领着弟弟，再次来到地主家，他当了船工，没有工钱，只管吃住。

船工的生活比农民还要艰苦，他们日日夜夜生活在水上，固定在船上，受着船主的残酷剥削和压榨，生命安全毫无保障，遇到狂风巨浪，船工随时都有可能丧命。

有时，船工还会遇到意外的伤害：有的土匪专抢水上的货船，每当遇上土匪，船工的命就更是难保了。

当船工还不到一年的时间里，邱少云就经常听到有货船被土匪抢走、船工被劫持的事件。还听说船工被害后，尸体被扔进河里。

在河里，邱少云发现过漂尸，看那漂尸的样子很像是船工。

一年的深秋，邱少云给船主押船送货，船主让押船人放心，说："各山头，各码头，都是我的把兄弟，遇上什么事，别忘了说我的名号，放心吧，我的船保你们平安到达。"

一天，船停在一个小港过夜。天黑了，一伙土匪拿刀带枪地上了货船，看样子他们是杀气腾腾的，船工和押船的头儿都很清楚，如不听他们的，肯定没命，那刀和枪就是杀人用的。

土匪头下令，让船上的人都下船，排成一行。土匪用一根长绳把他们拴起来，蒙上脸，像牲口似的牵着走。邱少云和弟弟排在最后。

走了很久，不知道都经过了什么地方，当他们停下来的时候，邱少云听到了流水的声音。

邱少云偷偷扯下蒙面布，他看到自己和船工们还在码头，船依旧停靠在码头上，但桐油全被运走了，土匪也不见了。

这次遭遇土匪抢劫，邱少云他们是幸运的，除了押船的头儿死了外，其余的船工都幸免没死，真是不幸中的万幸。

遭遇抢劫后，有的船工留下继续干，有的到别的船去当船工，他们要躲开这条倒霉的船。

邱少云留下了，因为他和弟弟年纪小，这条船能收下他兄弟俩很不容易的。

船继续在河上航行着，邱少云也继续干着船工的苦活儿。邱少云在船上边干着活，心里边默念着：千万别再遇上土匪了。

一路上，再没遇上土匪，却碰上了比土匪还凶的国民党反动军队。

一天，船正行驶着，突然有国民党军要船停下检查，说是要查什么共产党的地下运输线，所有船只一律要查。

邱少云他们这条船，报了他们船主的名号。一个军官模样的人，扶了扶墨镜，对士兵说：“让他们报报，他们船主是干什么的。”

一个士兵问：“你们的船主是干什么的？”船上回答：“我们的老板和各码头、各山头都是把兄弟！”

那军官眉头一皱，说：“和各山头都是把兄

弟？那一定是土匪！搜！”

结果一搜，船上装有药品。

那军官摘下眼镜，下令：“扣下！”

士兵又问：“人怎么办？”

军官戴上了墨镜，说：“审一下，有共产党嫌疑的，枪毙！”

“那其余的呢？”士兵接着问。

军官不耐烦了：“真笨！那不是现成的壮丁吗！”

就这样，邱少云兄弟俩被抓了当壮丁！

逃出魔爪

国民党的反动军队，像对牛马一样对待壮丁。行军时，这些壮丁当挑夫；宿营时，他们又当火夫，还经常被拳打脚踢。每个军官都有马鞭，壮丁稍有不慎就被抽打。

不久，邱少云就亲眼见一个想逃跑的壮丁被军官活活抽死。

一天，邱少云对弟弟说："我们得想办法跑，要不早晚得让他们折磨死，咱们得找机会逃。"

第二天，壮丁挑着重担，在路上走着，两旁

是看押的士兵。壮丁的队伍越走拉得越长。

这时，邱少云发现，在拐弯的地方，国民党兵看不见壮丁，于是在队伍拐弯时，邱少云拉着弟弟溜进了灌木丛。

可是没走多远，邱少云他们就被一个麻脸班长发现了。邱少云被麻脸班长捉住，并狠狠抽了一顿。

队伍在宿营时，邱少云被捆了起来。士兵一边捆还一边骂："小赤佬鬼点子不少，再跑老子抽死你！"

夜里，邱少云身上被抽的鞭伤疼痛难忍，弟弟守着他，哭得泣不成声。

那个麻脸班长对邱少云的弟弟喊着："再嚎把你也捆起来！"

后半夜，邱少云轻轻地叫醒了弟弟，说："快给我解开绳子！"弟弟很聪明，很快给哥哥松了绑。

邱少云说："不要出声，跟我溜出去！"

麻脸班长以为把邱少云捆住了，就万无一失

了，他自己睡得死死的，像死猪一样。

值班的哨兵，也没发现两个小小的黑影在移动。

在夜色掩护下，邱少云拉着弟弟，躲过哨兵的监视，逃出了营地，钻入了一块油菜地里。

邱少云对弟弟说：“天亮后，千万不要动，等天黑了再走。”

天亮了，邱少云看见麻脸班长带一个班出营地搜索，看样子，逃跑的壮丁不止他们兄弟俩。

搜索了一阵子，麻脸班长朝灌木丛放了几枪，回去交差了。

邱少云和弟弟不敢大意，直到天黑才离开油菜地。

邱少云害怕再被抓去当壮丁，就带着弟弟离开乐江河码头，来到了一个城市。

可是到了城里，邱少云什么也不会干，他和弟弟费了九牛二虎的劲，才在一个小饭馆，找到当堂倌的活儿。

干这活儿，没有工钱只管饭，偶尔也能赚点

小费，但小费的大半还得交柜。

有这样的活干，邱少云已很知足了，他想自己和弟弟再也不用睡街头，再也不能被打了。

到饭馆吃饭的，什么人都有，这些人说的事也是五花八门，在这里，邱少云听到了许多以前不知道的事。

不久，邱少云听客人们说当年的红军已经改编为新四军了，他们在江南打日本鬼子时，在皖南中了国民党反动军队的埋伏，死伤了许多人马。

客人们悄悄地说："听说被俘的新四军就关在城外监狱。"

一年后，邱少云又听说共产党在华蓥山等许多山区组织暴动，打得国民党惶惶不安。

还有人说国民党军凶狠残暴没有人性，抓到共产党就斩首示众，在许多城楼上都挂着血淋淋的人头。

客人们还传说着许多共产党游击队的事情。

邱少云始终牢记母亲临终的教导：要为父亲

报仇。

在流浪的这些年里，邱少云已经从切身的经历中，认清了谁是穷苦船工的敌人，谁是穷苦人的救星。当他听到这些关于共产党的传闻，非常兴奋，他看到了希望。

邱少云还经常从到饭馆卖报的报童嘴里，听到一些其他的大事，这些是邱少云以前绝对听不到的。

从报童的嘴里，邱少云知道了：抗日战争中，共产党领导的八路军屡建奇功，仅平型关一仗，就消灭了日军一个精锐师团。

苏联红军对日宣战，出兵东北，歼灭日本关东军，日本天皇宣布无条件投降，等等。

邱少云听了这些天大的新闻后，真是大开眼界。

随着抗战的胜利，重庆沸腾了！成都沸腾了！整个四川的大小城市都沸腾了。

中国人在欢庆抗日战争的胜利，邱少云心中也充满了作为一个中国人的自豪。

抗日战争胜利了，中国向何处去？报童们又喊了起来。

不久，邱少云又听到了一个特大的新闻：共产党的领袖——毛泽东主席到重庆谈判了。

邱少云看到了欢呼的人群沿街游行，他心里暗暗高兴。

这时，邱少云又听说，国民党特务秘密逮捕共产党人，他在心里为共产党担心。

蒋介石挑起了内战。内战越打越大，国民党在城市的统治越来越残酷、越来越疯狂。

国民党特务到处乱窜，小饭馆也成了他们搜查的目标，连堂倌、报童也有被他们怀疑，有的还遭到逮捕。

有人说，一个堂倌白天还在伺候一桌客人吃饭，晚上却被逮进了警察局。

一天，有个客人吃完饭，突然问邱少云："你是什么地方的？为什么到这儿当堂倌？"

邱少云镇静地回答说："是铜梁的，出来混口饭吃。"

那人面带疑惑的神情。

到了晚上，邱少云觉得不好，当即就辞了这家饭馆，到别的饭馆去当堂倌了。

过了没几天，邱少云在这家饭馆又看见了那个客人，那个客人皮笑肉不笑地问："你怎么又到这儿了？"

邱少云还是镇静地回答说："这儿小费多。"

邱少云知道这个客人是个特务，他心想：这个特务怀疑自己是为共产党干事的，想通过自己抓共产党。

晚上，邱少云又果断地拉着弟弟，离开了这家饭馆，向城外走去。

邱少云耳闻目睹国民党的行径，他觉得城里的国民党更阴险、狡猾、凶狠。

在小饭馆当跑堂时，邱少云就听说共产党的部队现在叫解放军，在东北打了大胜仗，队伍非常壮大。

而国民党反动军队却节节败退，从东北退到

华北，由华北退到中南。

不久，邱少云又听说，解放军已经攻到湖南，很快就会攻打到四川了。

邱少云听着这些消息，高兴得睡不着觉，他对弟弟说：

“咱们去找解放军，跟解放军一起打仗，打到邱家湾去，给咱爸报仇！”

弟弟听了问：“哥哥你要当兵啊？”

邱少云斩钉截铁地说：“是的，要当兵，要当解放军的兵。”

参加革命

邱少云去找解放军的时候，湖南已经和平解放，解放军乘胜前进，率军进川。

在路上，邱少云经常遇到国民党反动军队向西北败退，他们是溃逃下来的国民党部队。

这些部队一路抢劫，成了穿军装的土匪。最后，干脆脱下军装，成了便衣土匪。

但这些土匪，在解放军的打击下，成了惊弓之鸟，不敢在一处多停留，常常一夜换几个宿营地。

还有些匪军，找到隐蔽之处深藏起来，并且

非常注意保密，很怕走漏风声被抓。

这些匪军是非常危险的，要是让这样的匪军遇上了，不是让你当土匪就是把你杀了。

邱少云一路走，还时常到小饭馆去当堂倌，好打听解放军进军的消息。

一天，邱少云听说，解放军进展神速，重庆、成都都解放了，县城也快解放了。

又过了几天，邱少云听说解放军解放了许多县城，所到之处，剿匪反霸，闹得红红火火。

路上再也看不到国民党的溃军了，人们都兴奋地议论，解放军就要来了。

几天后，邱少云听说解放军把铜梁县周围的县都解放了，邱少云高兴地对弟弟说："大军恐怕已经打到咱铜梁，快回家！"

那是1949年12月的一天，邱少云终于回到邱家湾，找到了解放军。

邱少云见到解放军的指导员，说："我要参军。"

"你为啥要参军啊？"指导员笑呵呵地问邱

少云。

“报仇！”邱少云回答得很明确。

“为谁报仇？”

“为父亲！”邱少云说，“我父亲是船工，他带领船工和船主斗争，船主就指使打手，捆住了我父亲的双手，又把一块大石头拴在他身上，然后把他扔进了安溪河，害死了我父亲。”

指导员听着，心里很难过，他用手拍了拍邱少云的肩，沉默了。

指导员很理解邱少云，但是，中国人民解放军可不是报私仇的队伍，邱少云的认识必须提高。

指导员看着邱少云的眼睛，说：“报杀父之仇，历朝历代均有此事，而且方法很多，你为什么非要选择参军报仇的路呢？”

邱少云说：“我13岁时，妈妈就对我说，她不希望我和船主去拼命，他还说君子报仇十年不晚，要有勇有谋。”

指导员听了这话，对邱少云说：“有勇有

谋，说得好，说下去。”

“妈妈死后，铜梁大旱，我带着弟弟逃荒要饭，四处流浪。当短工，扛长活儿，当堂倌，当船工，爸爸受的苦我都受了，爸爸没受的苦我也受了，还被国民党军抓过壮丁，差点没了命。

“地主老财欺压我，恶霸欺压我，船主欺压我，老板欺压我，国民党军队欺压我，土匪欺压我，我和弟弟流浪了七年，忍饥挨饿，受尽折磨，勉强保住了性命。

“在这流浪的七年中，我看到共产党、解放军是为我们穷人打天下的，而国民党的军队却欺压穷人。

“解放军在剿匪反霸，这些就是我想干的，但也是我个人拼命也干不成的，所以，我一定要参军。参了军，我就可以剿匪反霸，我的仇也就能报了。”

指导员又问邱少云：“你父亲带领船工们跟船主斗争，最后被暗害，而你要替父报仇，却是七年都没实现，你想过到底为什么吗？”

邱少云回答说："因为船主勾结国民党及地主、恶霸、土匪，而这些人都是欺压穷人的，和穷人作对的。"

指导员坚定地说："你说得对，正因为这样，你才要找解放军，因为解放军要推翻国民党反动政府，打垮国民党反动派，保护人民的利益，为人民而奋斗，对不对？"

邱少云说："对。"

指导员又说："邱少云，你到底为什么要参军，你还应该往更深层思考思考，我们人民解放军是为人民的利益而战斗的，不是为个人报仇的。"

邱少云不解地问："咱们的队伍不是清匪反霸吗？"

指导员开导邱少云道："是的，但我们要清的匪，是所有的匪，不只是欺压你的土匪；要反的霸，是所有的恶霸，不只是杀害你父亲的那个船主。

"我们的战士来自五湖四海，他们都是为人

民剿匪反霸的，所以我们的军队叫人民解放军，明白吗？”

邱少云说：“报了所有穷人的仇，不也就报了我的仇了吗？”

指导员说：“但是，为人民报仇和为个人报仇是根本不同的，虽然如你说的那样，报了所有穷人的仇也就报了你个人的仇。但为人民报仇与为个人报仇是截然不同的两个目的。你要为个人报仇，不用参军，在村里参加农会、民兵，参加剿匪反霸，就能报仇。

“当然，那也要靠农会、靠民兵、靠解放军，你个人单枪匹马，也是报不了仇的。你要为人民报仇，那参加解放军就对了。

“你究竟为什么，你自己一定要想清楚。”

邱少云听了指导员的一席话，忽然间意识到，他自己的命运是和共产党、解放军联系在一起的，没有共产党、解放军多年的苦战，怎么能有穷人们的今天。自己怎么能只为自己报仇呢！

邱少云想，如果没有共产党，没有解放军，

谁来保护我们穷苦大众，我们还要受恶霸地主、船主、土匪和国民党的剥削和压迫。我要参军，一定要参军！我要为人民参军，做一个为人民报仇的战士！

邱少云想到这，坚定地说：“指导员，我要当一个为人民报仇的战士。”

指导员高兴地说：“你回答得很好，你的选择是正确的。这个问题很重要，我们有的同志虽然穿上了军装，但是没解决思想问题，抱着许多个人目的，结果经不起考验，不能成为真正的人民战士。

“你现在对我们这支队伍还了解得不是很深很透，我给你讲几个我们战士的故事吧，听了之后，你就能更深地了解了。”

邱少云非常高兴，他觉得指导员正把他引向一个全新的世界。

指导员说：“有位战士叫董存瑞，去年五月，我军解放隆化城时，他舍身炸敌堡，壮烈牺牲。现在，全军都在学习他。

“当时，董存瑞的任务是炸掉敌人桥头上的暗堡，没有其他的进攻道路，他只能匍匐前进，移到桥下。

“桥下是一片荒野，空空荡荡，没有任何可放炸药包的地方。董存瑞站在桥下，心急如焚，头上，暗堡里的敌人在疯狂地扫射，等待冲锋的我军战士，都在焦急地看着他。

“冲锋的时间就要到了，如果再不炸掉敌人的暗堡，冲上来的战友都要牺牲！

“在这关键的时刻，董存瑞左手托起炸药包，并把炸药包死死地顶在暗堡的下面，右手猛地拉开了引火线，回过头对战友们喊：‘为了新中国，冲啊！’

“随着一声巨响，桥头上的暗堡被炸毁了，但是我们的英雄——董存瑞却英勇地牺牲了。

“董存瑞炸掉了敌人的碉堡，他为了新中国献出了自己年轻的生命。

“建立新中国是全国人民的伟大事业，是千百万战士为之奋斗、流血牺牲在所不惜的事业，董存瑞就是为了这样的伟大事业牺牲的，是为人民牺牲的。

“我们每个战士都应该向董存瑞学习，为人民的利益而战斗，为人民的事业流血牺牲。”

邱少云听得很用心，董存瑞在他心中树起了一个伟大英雄的形象，那一声“为了新中国，冲啊！”的声音，久久地在他心中回荡。

指导员沉默了一会儿又接着讲：“我们这支队伍是人民的队伍，我们要求每个战士都要全心全意地为人民服务。

“战士张思德，就是全心全意为人民服务的典范。

“张思德是中共中央警卫团的班长，为了抗日，他经过二万五千里长征。他作战勇敢，负过伤，只要是为人民服务的事，他都全心全意地去做。

“1944年9月5日，张思德在陕北安塞县山中烧炭，因为炭窑崩塌，他光荣地牺牲了。

“张思德牺牲后，中央直属机关为他开了简

单而隆重的追悼会，毛主席在会上发表了重要的演讲。

“毛主席说：‘人总是要死的，但死的意义各有不同，中国古时候有个文学家叫作司马迁的说过，人固有一死，或重于泰山，或轻于鸿毛。为人民利益而死，就比泰山还重，替法西斯卖力，替剥削人民和压迫人民的人去死，就比鸿毛还轻。张思德同志是为人民利益而死的，他的死是比泰山还要重的。’

“在这个会上，毛主席还说：‘中国人民正在受难，我们有责任解救他们，我们要努力奋斗。要奋斗就会有牺牲，死人的事是经常发生的。但是我们想到人民的利益，想到大多数人民的痛苦，我们为人民而死就是死得其所。’”

邱少云入神地听着指导员的讲解，他仿佛看到了毛主席在追悼会上发表演讲时的神态，看到了毛主席那严肃的表情。

邱少云在心中默默地重复着毛主席的话，他真正懂得了：什么是人民的战士，什么是为人民服务，懂得了报仇、牺牲的真正含义。

英勇作战

邱少云参军了。他到部队后，指导员对他说："你先要学会两首歌：《中国人民解放军军歌》和《三大纪律八项注意》。学会之后，我再找你谈。"

"是！"邱少云非常高兴地答应着。

邱少云到部队不久，部队就有任务。

部队要紧急出发，去歼灭潜藏在百丈峡的匪首白佐，因为有几股国民党溃逃部队加入，白佐觉得自己的腰杆硬了，想割据一方。

白佐派了七个枪手，闯进区政府，杀害了区

长左玉兰，并在集市上大肆进行反革命宣传，煽动被打倒的土匪和国民党逃兵闹事。

上级命令一定要消灭这股土匪，邱少云参加了侦察小队。

侦察小队先查看现场，他们在左区长被害的现场，发现了左区长的一本日记。

在左区长的日记中，记录了有关白佐的一些线索。侦察小队根据这些线索又到百丈峡侦察。

邱少云走在侦察小队的最前面。他们首先侦察白云洞。据左玉兰日记记载，这是白佐的仓库。

白云洞，空空荡荡，显然，白佐已将仓库转移。

走出了白云洞，邱少云却发现紫霞洞冒烟，他怀疑洞中有土匪，就带着战友们前去搜索。他们在洞里，发现了一个穿花旗袍的年轻女人。

经审问，这个女人说，她是白佐的姨太太。

侦察小队的队长，就让这个女人引路，到白佐隐藏的洞穴去搜查。

到了白佐藏身的洞穴，侦察小队发现了受重伤的土匪副司令。

邱少云见过这个土匪副司令，他就是劫货船时，那个戴墨镜的国民党军官。据他交代，白佐匪帮已经和他分裂了。

这个土匪副司令说：一天晚上，白佐的人马搞了个突然袭击，白佐向他连开三枪，以为他死了，就带着五百多匪徒转移了，现在在什么地方，他不知道。

在百丈峡中，虽然能隐藏五百匪徒的大洞穴不多，但也不止一个，到底应该到哪一个去搜查呢？侦察小队犯了难。

侦察小队继续搜查着，在峡谷河畔，他们看见了一个钓龟人。这钓龟人手里拿着一个五尺长的钓竿，穿得破破烂烂。

侦察小队的队员们想：钓龟人成年在河谷转，有可能会碰上白佐匪帮，知道些土匪的活动情况。于是，邱少云就上前去，向钓龟人询问是否见过白佐土匪。

钓龟人也不看邱少云，也没有停下脚步，他边走边说：“白佐在蒙泉他姐姐家呢。”

侦察小队听了钓龟人的话，立即向蒙泉进发。

蒙泉是个山高林密、便于土匪藏匿的地方。白佐的姐姐也是匪首，她手下有二百多枪手。

侦察小队来到蒙泉，将白佐姐姐家的房屋包围起来。此时，白佐的姐姐正和白佐在床上抽大烟呢。

侦察小队队长一声令下，邱少云和战友们冲入屋里，活捉了白佐和他的姐姐。

白佐见侦察小队只有五六十人，就冷冷地一笑，说：“我手下的五百个弟兄，正兵分八路向这里集中呢，我姐姐手下的二百弟兄就在周围，你们是跑不了的，你们要好好想想自己的去路，快做决断。要是跟了我，我都给你们个官衔，我还能赠点儿银元给你们；要是跟我作对，那就别怪兄弟不客气了！”

侦察队长根本没理白佐的这一套，并厉声呵

斥白佐，要他交代匪徒们隐藏的地方。

白佐猖狂地号叫着：“你给我听清了，我再说一遍，他们正在向这里集中！”

正说着，一个侦察员进来报告说，每条山路都被土匪围住了。

侦察队长果断地决定，拖住敌人，等待大部队的到来，全歼这股土匪。

侦察小队就在屋里，以屋墙为工事，和土匪展开了战斗。土匪们从侦察小队的枪声中，听出我侦察小队人数不多，于是他们打得更凶狠。

战斗越打越激烈，侦察小队尽管有坚固的房屋做工事，但是伤亡也很大，再坚守下去，侦察小队很危险！

就在此时，远处传来了炮声，战士们一听，知道这是我军的炮声，于是他们抓住机会，向土匪喊话，以瓦解敌人：“听到炮声了吗？你们被我们的大部队包围了，快放下武器！”

白佐也马上对土匪们大喊：“别上他们的当！给我狠狠地打，快攻！攻上来，老子重赏！”

炮声一声响似一声，炮弹落地的距离也离土匪越来越近！

土匪慌了。

土匪当中，有一些是国民党溃败下来的散兵游勇，他们知道，如果现在再不跑，就要当俘虏了。

于是，土匪像潮水似的溃退了。

战斗结束，侦察小队和大部队会合了。侦察队长疑惑地问团长：“团长，你怎么知道我们在蒙泉？”

团长说：“一个钓龟人送的信。”

侦察队长问：“那个钓龟人呢？”

团长说：“没留住，又钓龟去了。”

侦察小队在队长的带领下，又继续去侦察，但已过了七天七夜，还没找到线索。

到了第八天，这天清晨，邱少云发现了一个小钓龟人向他这边走来。这个小钓龟人和邱少云七天前遇到的那个钓龟人十分相像。

到了邱少云面前，这个小钓龟人对邱少云说："我哥哥被土匪冯疤子拉进凤凰洞了。"说完就匆匆地走去，好像怕被什么人看见。

侦察队长向部队首长报告此事，自己又带领侦察小队迅速向凤凰洞前进，防止土匪逃跑。

为了抢时间，侦察小队日夜兼程地急行军。

可就在此时，却发生了一件令侦察小队意想不到的事情：白佐逃跑了！

侦察小队的战士们，不知道情况已经变化，依然向凤凰洞快速前进着。

到了凤凰河，战士们正准备要渡河，突然，枪声从三面响起，侦察小队被白佐的土匪给层层包围了。

队长沉着冷静地命令，一挺机枪压住东面的土匪，一挺机枪压住西面的土匪，命令侦察员们向南面扔手榴弹，拦阻土匪进攻，最后，他命令邱少云渡河向大部队报告。

战斗相当激烈，侦察小队的两挺机枪顽强地抗击着土匪。

邱少云立即潜入河中，去给大部队报告。

白佐一面指挥一部分土匪进攻侦察小队，一面指挥其他的土匪射击邱少云。

土匪的火力封锁了河北岸，子弹像雨点似的向河里打来，邱少云只要把头露出水面，就要中弹。

邱少云潜在水里，向下游游了一百多米，在一块巨石侧面上了岸。但还是被土匪发现了，土匪马上追踪，向邱少云射击。

情况危急，邱少云不顾一切，他利用河岸上的石头做掩护，迅猛地飞跑。

跑了很长时间，邱少云甩掉了土匪，他找到了向南急行军的大部队，给部队带路的不是别人，正是被土匪拉入凤凰洞的钓龟人。

邱少云把情况向部队首长作了汇报，首长让他和钓龟人一起领着大部队向凤凰河冲去。

邱少云和钓龟人一见如故。他对钓龟人说：“兄弟，多亏了你，等打完了仗，消灭了白佐，你也参军吧，咱们俩一块儿打敌人。”

钓龟人摇摇头，说："我野惯了，部队纪律太严，我受不了，我还是钓我的龟吧。"

邱少云又问："你冒着生命危险，帮助部队剿匪，是为什么呀？"

钓龟人回答："我爹给左区长带过路，土匪们就说违反了他们的规矩，他们就把我爹当众给杀了。"

于是，邱少云就把指导员讲给自己的道理，讲给了钓龟人听。

侦察小队和土匪在河畔的战斗打得更加激烈了，侦察小队的两挺机枪已经打得枪身热得烫人了，其中一挺已打红了枪筒。

白佐更加疯狂地喊叫着："共军的两挺机枪都完蛋了，冲啊！冲上去，老子重赏！"

在危急时刻，侦察队长仍然十分镇静地下着令："一定要节省子弹！一枪要打死一个！"

正在土匪猖獗之时，我大部队的炮声响了！这炮声震耳欲聋，土匪闻听像当头浇了一盆冷水，狂劲儿立刻没了。

我大部队的炮声越来越响，炮弹在土匪的后面爆炸，白佐一看不妙，也不狂叫了，手一挥，对土匪下令说："撤！"

土匪掉头逃跑，侦察小队紧追不放，他们在大部队的前面，死死追击着土匪。

大部队渡过了凤凰河，乘胜追击敌人，战斗持续了一天一夜，直到第二天中午才结束。

这场战斗，我军共歼灭土匪七百余人，肃清了百丈峡山区的土匪。

战斗结束后，发现匪首白佐跑了。

为了消除隐患，早日捉拿到白佐，侦察小队的战士们继续着搜查工作。

机智勇敢

歼灭了百丈峡匪徒，老百姓欢欣鼓舞，人们再也不怕土匪了，也不怕变天了，他们出来敢活动了，也敢说话了，更敢和解放军接触了。

在剿匪的庆功会上，邱少云突然发现麻脸班长，穿着解放军服装坐在台下。那麻脸班长发现邱少云后，很不自然。

邱少云心想，国民党被俘后参加解放军的人很多，他们都很自然，这个麻脸为什么这么不自然呢。

邱少云就把自己的想法，向侦察队的队长汇

报了。

此时，侦察队长正在调查白佐逃跑的事，他听了邱少云的报告，觉得邱少云说得有道理，于是，侦察队长决定，对麻脸展开调查。

在调查中，侦察队长发现麻脸隐瞒了他在国民党军队当兵的历史。

侦察队长接着往下查，他查到白佐跑的那天麻脸请假了！请假的理由是，去探望流浪时的难兄难弟。

但这些流浪的国民党士兵，四处漂流，根本无法取证，侦察队长的怀疑也无法解除。

麻脸自己也越发不安起来。侦察队长一面派人监视麻脸，一面让侦察小队做好随时出发的准备。

这一天，天下着滂沱大雨，后半夜是麻脸站岗。麻脸是巡逻岗，在巡逻中，他离开了岗位，隐藏到夜幕里。

大雨中，麻脸越走越快，几乎变成了小跑。

邱少云紧随其后，一步不落。他的身后是队

长和战友们。

麻脸绕过悬崖峭壁，来到三江口。在江边渡口，隐蔽了一个白天，渡口摆渡的人为他望风放哨。

趁着黑夜，麻脸离开渡口，乘船顺流而去。

邱少云和战友们快速地做一了个简易木筏，尾随麻脸，向江中划去。

在一个渡口麻脸上了岸，他进了一个茅草屋后，屋里走出来一个中年妇女，这妇女四处望了望又退了回去。

麻脸和那女人就这样，一直都没有再露面，在茅草屋里待了整整一个白天。

天渐渐地黑了，那中年妇女出来了，她向陈家镇方向走去。

于是，侦察员们分成两路，一部分留下来继续监视麻脸，一部分悄悄跟踪那女人。

陈家镇是只有百余户人家的小镇，镇里的房屋错落有致，但大的房屋是古色古香，平房小屋却破烂不堪，仿佛轻轻一推就会倒下。

镇里有十来家小店，店门有开有关，没有什么生气，看不出这里就是这一带逢五逢十的集镇。

邱少云跟踪到了小镇后，他感觉有些异常。因为这里从来没有来过解放军，所以邱少云和战友们都换上了便衣。

这中年女人进了镇里的一家大屋，她在里面待了有半个小时，之后，一个小丫头领着那个女人出了小镇。

侦察小队中，又有一部分留守监视这个大屋，邱少云和另一部分队员跟踪着这个女人和小丫头。

这两个女人进了镇外一农户家，邱少云和侦察员们把农户家的茅屋包围，他们紧紧地盯着。

就在邱少云他们紧盯着茅屋时，忽听身后竹林中有轻轻的脚步声，他们回头一看，那脚步声是匪首白佐的！

等到白佐走近，邱少云大喊一声：“站住！”白佐先是一惊，随后挥手向邱少云打了一枪，并掉头就跑，跑得飞快。

侦察队长接着喊：“缴枪不杀！”

白佐头也不回地一边飞跑着一边向侦查员们打枪。

侦察队长低声说：“要抓活的！”

侦察员们拼命地追着白佐。

只见白佐突然钻进了一个山洞。侦察员们追到洞口，成扇形包围了山洞，并向里面喊话，让白佐投降。

邱少云继续向山洞的东面跑，他绕过去，发现山洞的北面有一个出口，白佐刚钻出来，还没来得及直起腰，邱少云就像猛虎下山似的扑了上去，将白佐拦腰抱住，接着一个侧身把白佐摔倒在地，随即骑上去卡住了他的脖子。

白佐一看事情不妙，想喊投降，但喊不出来了。

侦查员们乘势冲进茅屋，逮捕了那个中年妇女。

在那女人手中，搜到了麻脸的密信。信上，

麻脸要白佐到渡口和他会合，一起潜逃到别的地方。

侦察员们又抓住了三个土匪枪手。紧接着他们又冲进陈家大屋，逮捕了恶霸土匪陈家其。

这个恶霸地主是白佐的舅舅，大屋里还有十个土匪枪手，都一一被擒，战斗打得很顺手，打得土匪是措手不及。

侦察员们返回部队，逮捕了麻脸。经过审问，这麻脸是白佐的弟弟，原想在国民党军队里混个一官半职的，不料国民党兵败如山倒，只得投靠他的哥哥。

白佐让他混进解放军。三江渡口的摆渡人，原来是个杀人不眨眼的恶匪，图财害命太多，死心塌地跟定了白佐。摆渡人也被逮捕。

剿灭了白佐这股土匪后，部队又有新的剿匪任务。

消灭了白佐土匪，震慑了其他隐藏的土匪，他们不敢公开挑事暴乱，并且都悄悄地转移了。他们上高山、钻密林、走险路，想尽办法逃脱我军的打击，剿匪任务更加艰巨。

为了消灭这些土匪，邱少云和战友们背着行李穿山越涧，一路追击，一天要追一百多里。

由于长期艰苦的行军，再加上激励的战斗，邱少云背上生了疮，脓血渗透了他的衣裳，但他顾不得医治，始终坚持战斗在前线。

每次回到宿营的地方，邱少云都是争着站岗放哨，越是恶劣的天气，他就越是争着站岗，他总是想让战友们多睡会儿，多休息一会儿，第二天的行军好少一点辛苦。邱少云总是这样想着战友，没日没夜地工作着，自己很少有自由活动的时间。

由于父母去世得早，邱少云很早就失去了温暖的家，到了部队，他把部队当成家，到了驻地，他把老乡当亲人，把老乡家的活儿当成自己的活儿。挑水、扫院子、帮老乡种菜，什么都干，他很少休息。

由于指导员的工作很繁忙，找战士谈话的时间就少了。

邱少云总是盼着能有机会，坐下来和指导员谈谈心，再聆听到指导员的教诲，不过总让邱少云失望，指导员太忙了。

一次，这个机会终于来了，但这次不是和指导员坐下来谈的，而是在行军中，邱少云和指导员边走边谈的。

这天，邱少云背着两个背包，还扛着一个病号的枪在行军途中走着。这时指导员走了上来，问邱少云："你那两首歌学会了吗？"

邱少云干脆地回答说："学会了。"

指导员又问："有许多体会吧？"

邱少员说："是的，打的仗越多，越觉得那两首歌的道理越深。"

指导员接着问："怎么个深法？"

邱少云迟疑了一下，说："这，我说不上来。"

邱少云平时不善言语，要讲怎么个深法，对他来说确实有一点难度。

指导员看了看邱少云，笑笑问："歌词中有

这么一句：‘我们是一支不可战胜的力量。’你说说，我们的队伍，为什么不可战胜啊？”

邱少云脸都憋红了，还是回答不出来。

邱少云心里希望，指导员能给自己讲讲这个问题的答案。

指导员知道邱少云的想法，他对邱少云说：“我们的队伍是不可战胜，其原因就是：我们的队伍有严明的纪律。

“毛主席教导我们说，‘加强纪律性，革命无不胜。’我们的战士，就是要自觉遵守纪律，把纪律看作重于生命，那我们就会无往而不胜！”

邱少云听了指导员的话，在心里默念：纪律重于生命！

指导员的这句话，深深地刻在了邱少云的心中，并成为他行动的座右铭。

现身劝说

一天，邱少云回到宿营地时，天已经快黑了，邱少云赶紧去洗衣服。这时他背上的疮钻心地疼，他看看四周没有战友，一想自己背上的疮不会被人看见，一咬牙就把衣服脱了下来，一看衣服，被脓血染了一大片。

河水很凉，邱少云在河边的石头上搓洗着衣服。

搓着搓着，邱少云觉得自己背上那块生疮的地方有点凉丝丝的，好像贴上了一层什么东西，他回头一看，钓龟人正对着他微笑。

邱少云赶紧站起来，对钓龟人说：“你怎么来了？”

钓龟人说：“不疼了吧？七天就好。”

邱少云惊奇地问：“你怎么知道我生疮了？”

“你抓住了白佐，替我报了仇，我要找你说几句话，可是你东奔西跑，我找不到你。等我找到你，才发现你背上生了疮，脓血都渗到衣服上了。”钓龟人说。

钓龟人又说：“我是来见恩人的，我给你钓几只龟，你们有纪律，你也不会要的，就给你采点药，你不会不用吧。”

邱少云说：“我怎么是你的恩人呢，我们这两次被土匪包围，要不是你向我们大部队报告，我们大部队一定会受到很大的损失，你才是我们的恩人！”

邱少云接着又说：“我是解放军战士，捉拿白佐是我的任务，这是我应该做的。”

接着邱少云话题一转，对钓龟人说：“咱们

不说这个了，你为什么不参军呢？我们部队的首长提到过你，非常器重你。”

钓龟人回答说：“我说过的，我这个人野惯了，怕受约束。”

邱少云听后，耐心地对钓龟人说：“我们俩都是吃过苦的人，都有杀父之仇，都知道共产党、解放军是我们的亲人，也知道只有共产党、解放军，才能替我们这些苦大仇深的乡亲们报仇。

“经过这一段时间的剿匪，我更加深刻地认识到，如果没有解放军这样一支人民的军队，我们这些穷人还得过从前那样的苦日子，那些匪徒时时刻刻都想杀害我们这些穷人。

“匪徒到处杀人放火，在他们占据的地方，制造了一个一个的血案。因此，我们这些要报仇的穷人要参军；报了仇的穷人也要参军。”

钓龟人听了邱少云的这些话之后，还是坚持说：“我就是野惯了，你们军队的纪律又太严格了。”

邱少云也坚持说："乡亲们是非常喜欢我们严明的军纪的，我们军队严明的组织纪律，是其他任何军队也不能比的，军纪严明是部队最应该做的事情。"

邱少云停了一会儿，又接着说："纪律非常重要，每个战士都要自觉遵守，我们能打胜仗，靠的就是严明的纪律。"

邱少云说着，他看了一眼钓龟人继续说："白佐被抓后又逃跑了，就是因为我们看守的战士违反了纪律，擅离岗位造成的。也因为这个战士的违纪，给部队造成了巨大的损失，牺牲了我们多少战士。

"如果这个战士遵守纪律，坚守岗位，白佐就跑不了，我们那些战友也不会牺牲。

"遵守纪律是每个战士的职责，你如果参了军，一定会和我一样的，一定会感到遵守纪律是很正常的事。"

钓龟人还想说什么，邱少云又说："三大纪律八项注意的第一条有一句：步调一致才能得胜利。

“为了胜利，必须一切行动听指挥，这是最重要的大事，纪律比生命还重要，我们的行动必须听从指挥。要进攻，就一定要攻上去，哪怕牺牲生命也要攻上去；要防守，也一定要死死守住，同样是牺牲了生命也要守住，这是我们打胜仗的保证。”

邱少云最后说：“大道理我也说不出太多，要是我们的指导员，他说几句话就能让你心里亮堂堂的。你除了怕严格的纪律外，还有其他不想参军的原因吗？”

钓龟人犹豫了一下，说：“我有一个弟弟。妈妈临死的时候，要我一定要报仇，还要我把弟弟拉扯大。”

邱少云听了钓龟人这句话，他想到了自己，说：“咱俩一样，我也有个弟弟。现在情况不一样了，穷人当家做主了，清匪反霸之后，就要土地改革，斗地主分田地，有农会，他们会很好地照顾你弟弟的。”

邱少云有生以来，第一次说了这么多话，他觉得参军是钓龟人最好的选择。

邱少云又接着说：“部队是咱们穷苦人真正的家，部队的首长、战友们，就像亲兄弟，部队无论走到哪里，乡亲们都把我们当成亲人。

“我们到了部队，增长见识，我刚参军不久，就知道了四川的剿匪情况，也知道了全中国解放战争的进展，还知道了全世界发生的一些大事。

“我们的指导员，不但给战士们讲中国革命，还讲世界革命；不但讲共产主义，还讲国际主义。”

钓龟人听完邱少云的话，有些不好意思了。他低着头、红着脸说：“俺还有个妹子，要我娶她，我……”

邱少云没能说服钓龟人，钓龟人最后还是坚持没去参军，但却说：“我永远也忘不了你，忘不了你今天对我说的这些话。”

邱少云感到非常惋惜，他心里想要是指导员

在这儿，就一定能说服钓龟人的。

钓龟人最后说："我谢谢你们军队的大恩大德，百丈峡的乡亲们都说你们是菩萨兵，是救苦救难的军队。"

说完这些话，钓龟人告别了。望着钓龟人渐渐远去的背影，邱少云心中涌出一股难舍难分之情，同时又有些惋惜。

钓龟人走了，越走越远。

从这次分手后，邱少云再没见到钓龟人，然而他眼前却经常浮现钓龟人在百丈峡帮助部队剿匪的情景，这情景在他面前久久不能挥去。

新的战场

一天夜里，邱少云失眠了，他想了许多许多。

邱少云想，自己参军后，眼界开阔了，指导员讲的为人民服务等一个个故事，使自己懂得了，一个革命战士应该怎样度过自己的一生。

部队在剿匪战斗最激烈的时候，在全国即将解放的前夕，在全军对战士进行了一次军队革命性和战斗性的教育。

在接受教育的过程中，邱少云找到了自己如何度过一生的答案：军队永远是战斗的队伍，自己永远是革命的战士。

思想意识提高了，邱少云把自己的想法向指导员作了汇报。

指导员听后，对邱少云说："你的想法很对，目前，解放战争虽然就要结束了，但是西藏还没有解放，蒋介石还占据着台湾及沿海岛屿，封锁沿海的港口，对一些城市进行轰炸，反动派时刻伺机反攻，一些潜藏的土匪特务时刻盼着蒋介石反攻大陆。

"美帝国主义也不甘心他们在中国的失败，他们很可能还会从其他地方向我们发动进攻。在远东海域还有美国的第七舰队，所以，我们必须有长期作战的准备。"

指导员的一席话，使邱少云对军队永远是战斗队的认识更加深刻。

果然，朝鲜战争爆发了，美国总统杜鲁门公然宣布，对朝鲜实行武装干涉，同时命令第七舰队开进台湾海峡，妄图占领我国的领土台湾。

朝鲜的人民军，在金日成的领导下，英勇反

击，奋力打击，战斗取得了节节的胜利。

然而，美帝国主义不甘心在朝鲜战场上的失败，就在朝鲜人民军取得节节胜利的时候，美帝国主义扩大了侵朝战争，党中央和毛主席预见到这将威胁到我国的安全。

朝鲜战场的局势愈加严峻，于是，我军在部队中，进行了无产阶级革命是互相支持的国际主义教育。

通过学习，邱少云深刻认识到，党中央、毛主席的英明，识破了美帝国主义要侵略中国的野心。

此时，部队一边剿匪，一边密切注视着朝鲜战局的发展。

1950年9月15日，美军集中了二百余艘舰艇、五百多架飞机，调集步兵和李承晚军共七万多人，在朝鲜仁川登陆，并迅速向北推进，朝鲜人民军的防线被突破了。

党中央、毛主席号召全军，开展抗美援朝的战争。

邱少云和战友们，纷纷要求到朝鲜去，支援朝鲜人民军。

这时候，指导员给战士们讲了许多朝鲜人民和中国人民一起抗日的故事，还讲了许多朝鲜战士为中国人民抗日战争英勇牺牲的故事。

邱少云听后，激动地说："朝鲜烈士把鲜血洒在中国的土地上，我们也要把鲜血洒在朝鲜的土地上，帮助朝鲜人民，打败美国侵略军。"

中央军委决定：把中国人民最优秀的战士，组成中国人民志愿军，开进朝鲜，援助朝鲜人民！

10月8日，中央军委下令：为了援助朝鲜人民的解放战争，打败美帝国主义及其走狗们的进攻，保卫朝鲜人民、中国人民，我中国人民志愿军迅速向朝鲜境内出发，配合朝鲜人民军，奋力抗击侵略者，争取抗美援朝的胜利。

10月14日，美帝国主义的七个师，越过三八线，继续向北推进，侵略范围不断扩大。

在这紧急时刻，中国人民志愿军迅速行动起

来，这只战斗的队伍，雄赳赳气昂昂地即将要跨过鸭绿江，奔赴朝鲜战场！

消息传来，邱少云和他的战友们非常兴奋，指导员带领大家，整装待发。

中国人民志愿军的先头部队到达了朝鲜战场，他们首战获胜，全歼了美军骑兵第一师！

邱少云和他的战友们，听到这个胜利的消息，都非常急切地盼望着出发的命令，连长和指导员更是焦急地等待着。

朝鲜战场上，第二战役打响了，我志愿军第三十八军战果辉煌，打出了威风，他们所向披靡，大家争相传颂他们的战绩，一时间，第三十八军成了人们心中最可爱的人。

邱少云听到这些后，焦急地问指导员：“三十八军在战场上战绩辉煌，咱们什么时候出动啊？”

指导员耐心地说：“中央军委知道咱十五军是能打硬仗的，他们不会忘了咱们的，别急，很快的。”

邱少云所在的部队，在等待中。这时平壤解放了！紧接着，汉城也解放了！

邱少云和战友们更加焦急地去找指导员，指导员看到战士们，就知道他们想要说什么。指导员抢先说："别急，虽然平壤、汉城解放了，但朝鲜战争刚刚开始，朝鲜战争是持久的，我们的军队有仗打的。"

终于等来了出发的命令，1951年3月25日，邱少云所在的第十五军奉命入朝。

第十五军迅速行动。邱少云坐在疾驰的军车中，只觉得山川、河流、城市、农村在向身后飞跑。

朝鲜的气温很低，邱少云和他的战友是从四川来到鸭绿江的，战士们还没有完全适应这样的气温。

朝鲜战场的战斗，和四川的剿匪战斗有很大的不同，在朝鲜战场上，战士们个个都更感庄严、豪迈和神圣。

在过江的前夕，邱少云所在的部队进行宣

誓，气氛更加庄严。邱少云是个平时说话不大引人注意的人，声音不大，但在宣誓那天，他的声音却格外洪亮：

“我们是中国人民志愿军，为了反对美帝国主义的残暴侵略，援助朝鲜兄弟民族的解放战争，保卫中国人民、朝鲜人民和全亚洲人民的利益，我们志愿军开赴朝鲜战场，与朝鲜人民军并肩作战，为消灭共同的敌人，争取共同的胜利而奋斗。

“我们要在抗美援朝战争中，创造新的历史辉煌，为祖国争光，为毛主席争光！”

邱少云和他战友们带着这豪迈的誓言过江了！

离开了祖国，邱少云心中涌起一种强烈的对祖国的依恋之情，这种依恋像是对母亲的依恋，又比对母亲的依恋更加强烈。邱少云在心里再一次默默地宣誓：“为了胜利，我愿意献出一切！”

中国人民志愿军战士，雄赳赳气昂昂地过

江了！

但展现在志愿军战士面前，是被侵略的朝鲜国家的灾难：一个挨一个的弹坑，连成一片；断墙残壁，一片废墟，到处是破烂不堪的房屋，分不清是城市还是乡村，全部成了焦土。

饱经战火磨难的朝鲜老人、妇女和孩子，眼含着热泪，望着来拯救自己的中国亲人。

邱少云在心里再一次默默地宣誓："为了胜利，我要奉献出一切！"

邱少云所在的部队，在行进过程中，经过了中美第一战役的战场。战场上的遗迹告诉邱少云，当时的战斗有多么激烈。

那是中、美两军第一次交锋，从山上撤退的美军遭到我军的伏击，公路上到处都是被我军击毁的车辆，我军的战士无所畏惧，勇猛冲杀，很快取得了战斗的胜利。

由于没有经验，没有及时转移战利品，许多物品都被赶来的敌机炸毁了。

邱少云看到的，就是当时被炸毁的现场。看

着眼前的一切，邱少云似乎听到当时战士们的呼喊：同志们！冲啊，向敌人的坦克攻击，报仇的时刻到了！

邱少云所在的部队，又经过了中美第二战役的战场，这就是第三十八军战斗过的地方。邱少云仔细认真地看着眼前的一切。

第三十八军是在河谷一个只有十几平方公里的狭小地段，与敌军激战了两个小时，全歼了敌军的一个师及其所属的联队，驻扎在师部的美国顾问团也全部成了俘虏。

在这次战斗中，我军共打死打伤、俘虏敌军三千余人，缴获火炮一百五六十门、汽车二百余辆，战斗的激烈可想而知。

在另外一个战场，这是一个狭长的地带，我军第三十八军，堵住了败退下来的敌军各部的退路，并在一夜之间包围了他们。

敌军采取集团式的冲锋，实施突围，与我军展开残酷的血战。他们每次反攻都调集数十辆坦克、几十架飞机和几十门大炮。

但是，第三十八军的战士，死死卡住了敌人的退路，敌人多次突围均未得逞。

这一切，就是激战时的现场，历历在目，破烂枪支、机枪零件到处都是，被击毁的美军重型坦克的炮筒，还斜插着指向天空，残破的汽车架子，变成一堆堆烂铁。

指导员指着眼前这些，对战士们说："第三十八军的全体指战员们，决心用自己的鲜血和生命，捍卫我军的光荣称号。"

看着眼前的这一切，邱少云心想，我们一定要用鲜血和生命创造新的光荣。

邱少云和他的战友们憋足了劲，暗下决心，一定打好入朝的第一仗。

顽强抗击

任务下达到邱少云所在的部队，让战士们不解的是，他们即将接受的任务，不是进攻而是防御。

邱少云的部队接受的任务是，到无名高地打阻击。我军的第一、第二、第三战役都是进攻，现在要阻击，要防御，战士们有点疑惑。

指导员对战士们说，我们将要进行的是第四次战役，这次战役和前三次不同，这次战役，我军处在被动状态。

敌军遭到我军的三次重创，本以为在短时间

内，他们不会发动大规模的进攻，不料敌军的内部矛盾重重，失败后互相指责，推卸责任，他们都想证明自己的能力，于是，敌军就纠集重兵，向我军全线进攻。

美军是现代化的装备，机动快，火力猛。我军正在休整，面对美军的突然进攻，我军措手不及，所以，这一仗打得相当艰苦。

美军在大量的航空兵、大炮、坦克的支援下，对我军发动了猛烈的进攻。

我军的部队，在天寒地冻、粮弹供应困难、工程器材异常缺乏的情况下，仅仅依靠一般的野战工事进行抗击，阻击着敌人的优势兵力的进攻。

我军日日夜夜，艰苦奋战，经过奋力打击，杀敌一万多人，守住了阵地，完成了牵制敌人主力进攻、掩护我军主力向横城地区集结和反击的艰巨任务。

东线的敌军，被我军阻击到横城以北，我军集中了九个师的兵力，层层切断横城以北地区的美军一个团及第八师。

经过短暂的休整，两天后，我军发起了猛烈的进攻，歼敌一万二千余人，取得了全线的胜利。

为了扩大战果，我军以六个团的兵力，乘胜再次发起进攻，将敌人打压到不足两平方公里的狭小地区。

我军与敌军僵持不久，敌人用坦克进行防守，集中了大量的兵力和火力，与我军进行对抗。

由于我军枪炮缺少，弹药又不足，多次进攻，仍攻不下来。

就这样攻打了两天，敌人的援兵赶到，突围出去，我军这次战斗失利。

紧接着，美军继续进攻！我军全线转入防御，进行阻击！

战士听到这个情况后，万分焦急，大家日夜兼程，恨不得马上赶到无名高地。

部队到达了无名高地，邱少云和战友们立即

抓紧时间，抢筑工事。

邱少云和战士们，在各制高点构筑阵地，在制高点两侧的凸凹部，构筑隐蔽工事。

邱少云和战友们，又挖了能进一个人的“洞穴”，做掩护用。

修筑完工事，邱少云和战友们又组成了反击坦克小组，研究在阵地前沿及坦克进攻的路上，设埋伏阻击。

连长和指导员，边指挥着战士们构筑工事，边按照前轻后重的原则，部署兵力；又按照前重后轻的原则，配备火力。

一切准备就绪，他们又修了坚固的观察所，及与各阵地联络的路线。

邱少云和他的战友们，在阵地上干了整整一夜。

天快亮了，美军开始了全线的进攻。

在飞机和迫击炮的掩护下，美军的第一次进攻开始了。敌军的炸弹之多，炮弹之多，都是邱少云及战友们从未见过的。

连长、指导员沉着应战，指挥着战士们进行反击。

美军大约用了一个营的兵力，对我军进行攻击，他们个个弯着腰，端着枪，一边射击一边往山上冲。

邱少云的班长对战士们说："大家不要急，等敌人靠近了再打。"

美军越来越近了，邱少云已经能看清这些强盗的狰狞面目了。这时，班长一声令下："打！"邱少云猛扣扳机，对着那一张张狰狞的面孔打去，眼看着一个个美军被击中，倒在山坡上。

美军的第一次进攻，很快就被我军打退了。

这是邱少云第一次和美国侵略军作战，他很兴奋，打死了很多美军。

美军还没有完全退到山下，又开始了第二次进攻。

美军的这次进攻，是空中陆地一起上。空中的飞机朝我军阵地飞来，地面上，在山下设了数不清的大炮，敌军是空中、地面一起轰炸，山上，炮弹与炸弹齐飞，我军的阵地被炸起的烟雾笼罩着。

邱少云和他的战友们隐蔽在“洞穴”和坚固的工事里，为防止意外，战士们用军毯盖着机枪，用身子压着步枪、冲锋枪。

满天飞舞的碎石和弹片像雨点似的，从天而降，阵地上留下厚厚的一层弹片。

我军的阵地上，有的战士被敌军的炮弹击中，鲜血直流，但他们一声不吭，仍坚守自己的岗位。

有个战士的伤很重，指导员要他退下去，但他说：“我是党员，不能下去。”

连长和指导员隐蔽着，到各个班、排鼓励大家要坚守阵地。战士们坚定地说：“请首长放心，人在，就有阵地在！”

经过一阵猛烈的轰炸，美军又开始从三面向我军进攻。邱少云和他的战友们，手里紧紧握着枪，憋足了劲，等美军离阵地只有40米远的时候，他们开始猛烈射击，使美军伤亡惨重。

邱少云这次打得更加沉着，几乎是一枪打死一个敌人。

从天刚亮打到黄昏，邱少云和他的战友们英勇奋战，他们击退了敌人五次进攻，阵地上留下了许多美军的尸体。

美军第六次进攻开始了，这一次他们集中了更多的飞机和更多的榴弹炮，向我军阵地猛轰猛炸，同时还向我军阵地投燃烧弹。

阵地上的许多战士被燃烧弹烧着，他们在烈火中翻滚着。

邱少云也被燃烧弹的火舌烤得全身及脸火辣辣地疼。

邱少云咬紧牙关坚持着，双眼紧盯着山下的敌人。

这时，就听连长在烈火中喊：“敌人可能不等轰炸停止就进攻，各排注意，节省弹药！”

各排听到连长的喊话，立刻清理战士们的弹药。

战斗打了一整天了，战士们的弹药都要打光了。

三班的战士在阵地的最前沿，他们子弹几乎打光了。

三班长看着弹药说："没有弹药不要紧，阵地上有的是石头，咱今天就给敌人来个石头战！"

战士异口同声地说："对！"邱少云和他的战友们立即行动起来。

邱少云开动脑筋，他的石头堆，堆得十分巧妙，只要轻轻一推，一大堆石头就会轰隆隆地滚下山去。

战友们都学他巧堆石头，石头堆的花样越来越多。

美军怎么也想不到，阵地上的石头竟成了我军的武器！一堆堆的石头像长了眼的子弹似的，紧紧地盯着他们。

美军的指挥官通过望远镜，看到了这些石头堆，但他没往别处想，以为我军是在抓紧时间抢修阵地。

美军又一次向我军进攻了，这次进攻和连长估计的一样，他们没等炮火停下，没等飞机离开阵地的上空，敌人就发起了进攻，他们准备在我军进行反击之前，靠近我军的阵地。

这次的进攻，敌军集中了更多的兵力，邱少云从石头缝中往山下看，美军黑压压的一片，至少也有六七百人。

敌人离阵地越来越近：80米，60米，40米，30米！

“打！”随着连长的一声令下，我军阵地顿时巨石飞滚，美军毫无防备，被砸得连声惨叫着，掉头向山下退去。

没退多远，美军就又掉过头攻上来了，同时，美军的督战队也开枪射击，我军的阵地前又是黑压压一片敌军。

战士们的子弹打光了！

手榴弹扔光了！

堆起的石头也用光了！

我们坚强的战士，却仍在顽强地抗击着敌军。

激动人心的时刻

人在阵地在，战士们心中的信念更坚定了！

拼也要把敌人拼下去，邱少云和他的战友们上了刺刀。

就在战士们准备拼刺刀时，我军阵地的后方，上来一群人，他们每个人头上都顶着弹药箱！

战士们不等连长下令，也来不及问明情况，来的人是谁，就冲上去接过弹药箱，取出手榴弹、手雷转身飞奔到阵地前沿。

阵地上一排排手榴弹、手雷向敌军投去，在

敌军中炸开，把敌人炸得胆战心惊，前排的敌军被炸倒，后排的掉头就跑。

美军督战队的机枪又响了，但这次，溃退的敌军队伍，再也不听督战队的指挥了，他们就地卧倒，不进不退。

天渐渐地黑了，美军不敢再发起新的进攻，阵地上出现了难得的安静。

这时，部队的官兵才顾得上感谢这支冒着生命危险、给阵地送弹药的队伍。

来送弹药的都是些老人和孩子，随他们来的翻译告诉邱少云和他的战友们，这些老人和孩子说，这次送弹药是他们费了很大的劲才争取来的任务，他们冲到了最前沿，参加了战斗，觉得很自豪。

邱少云感动地看着这些老人和孩子，一股热流涌上心头。

志愿军战士来到朝鲜后，他们所到之处，都受到当地乡亲们的欢迎和帮助。他们从自家拿出埋藏的粮食、烟草和糖果，送给志愿军。邱少云和战士们，每次都婉言谢绝，但这些朝鲜的乡亲们总是说："咱们是一家人，你们不要客气。"这次，在志愿军战士最危急的时刻，又是这些老人和孩子，他们冒着敌人的猛烈炮火，冲上阵地，送来弹药，邱少云和战士们向这些老人表达了他们深深的感激之情。

志愿军战士也把自己舍不得用的烟丝和朝币拿出来，送给朝鲜的这些老人和孩子，以表达自己的一点心意。

这是一群坚强的孩子，他们冲向阵地上时，毫不畏惧，不怕牺牲，可当看到志愿军战士把自己的东西拿给他们时，他们感动得落泪了。

这些老人和孩子们都要求留下来和邱少云他们一起打阻击。

邱少云对他们说："我们是为了你们的平安，才来这打仗的，怎么能让你们在枪林弹雨的阵地上流血呢。"

经过了多次的与敌军的激烈战斗，邱少云和他的战友，终于阻挡了敌人进攻，使敌人未前进一步。

在战斗最艰苦的时候，祖国的慰问团来到了朝鲜，慰问我志愿军官兵。

邱少云和战友们看见了祖国的亲人，心里热乎乎的。

慰问团首长和同志做的报告，向战士们传达了祖国日益强大的新气象，使邱少云和战友们看到了祖国热火朝天的抗美援朝运动，感受到了祖国人民对志愿军像火一样的热情。

慰问团的同志在报告中，讲到了他们入朝后的所见所闻，这些事迹和故事，引起了邱少云的兴趣。

其中的一件是：三十八军的指战员把汉江南岸的阻击战和斯大林格勒的保卫战作比较，感觉有很多相同之处。

三十八军的指战员们说："要说不同的，就是我们用的是步枪、机关枪、手榴弹，抗击着敌人的飞机、大炮、坦克。"

当时，有一本叫作《日日夜夜》的书，正在

志愿军战士中传看着。这部小说描写的是斯大林格勒保卫战，写得非常生动，吸引了不少志愿军战士。

邱少云看过这本书后，觉得书中写的内容可以与三十八军指战员相比，要是把我军对敌的阻击战，用生动形象的语言讲出来就好了。

邱少云心里想，如果《日日夜夜》的作者能到朝鲜前线来，他一定能比这本书写得更精彩。因为邱少云所在部队，在抗击敌人的飞机、大炮和坦克时，用的不仅是步枪、机枪、手榴弹，还有刺刀和石头。

邱少云很想让部队的首长代表他们，向祖国亲人汇报他们在朝鲜战役中的战绩。

部队首长和邱少云想到一起了，能向祖国的亲人们汇报自己的胜利成果，这是献给祖国人民最宝贵的礼物。

通过慰问团首长非常生动的报告，邱少云了解了许许多多的英雄事迹，并知道了我军在这次战役中，投入了四个军，共歼灭敌人78000人。

慰问团首长在汇报中，讲到了许多在战斗中涌现的孤胆英雄，以及许多的英雄班、英雄排、英雄连队，还出现了一个人消灭230名敌人的战斗英雄和一个排消灭一个营敌人的英雄集体，还有战斗到最后只剩一个人也决不后退半步的连队。

这些英雄的故事，深深地打动了邱少云，他虽然亲身参加了这场战役，但他还是被感动了，尤其是那些战斗到最后，只剩一人也不后退的连队。

邱少云所在部队的首长，也向慰问团汇报了邱少云他们连队，在无名高地阻击战中，顽强抗击敌人的先进事迹；汇报了朝鲜人民在关键的时刻，冒险送弹药的故事。

慰问团的同志们听了很受感动。他们说：“伟大领袖毛主席说，我们的五星红旗，也有朝鲜革命烈士的鲜血染成的，中朝两国患难与共、生死相依。回国以后，我们一定要把朝鲜人民冒着枪林弹雨送弹药的故事讲给祖国人民听。”

邱少云听着报告，眼前又浮现出头顶着弹药

箱的朝鲜老人和孩子们，此刻邱少云更觉得朝鲜人民像祖国人民一样亲切。

邱少云所在的部队首长最后说：“我们虽然取得了阶段性的胜利，但我们不能放松警惕，敌人加强了对我军的封锁和对沿海岛屿的侦察，他们又调集了两个师增援朝鲜战场，因此，我们更要时刻提高警惕。

“在这里，我代表全体志愿军指战员，向祖国庄严宣誓：我们一定要在接下来的反击战中，打更多的胜仗，消灭更多的敌人，报答祖国人民。”

邱少云和战友们听到这些，都激动地站起来了，他们要向祖国人民宣誓。

取得阶段胜利

我中国人民志愿军大规模的反攻战斗开始了，这是抗美援朝战争中第五次战役。

在这次战役开始前，志愿军部队进行了战斗动员：

同志们，战斗就要打响了！歼灭敌人的光荣任务，就落在了我们的肩上！

这次战役，意义重大，它关系到我军在战斗中能否取得主动权，也是决定朝鲜战争结束的时间的关键。

我们要奋力拼搏，取得胜利早日结束。

我们的战斗口号是：全体动员起来，发扬艰苦奋斗、克服困难的精神，争取每战必胜！保持革命的光荣传统！

志愿军战士们听了动员令后，个个斗志昂扬。在第一天的战斗中，我军迅速突破了敌人西线防御阵地，部队向南推进了二十多公里，并歼灭了大量的敌军。

我志愿军乘胜迅速前行，短短几天的时间，就突破敌人三十余公里的防御，严重威胁了敌军的侧翼，并阻止了美陆战第一师的增援。

几场战斗结束，我军在加平方向打开了缺口，将敌军分成东西两部分，这就为整个战役的胜利创造了有利条件。

志愿军第十五军，隶属于中央集团的第三兵团，他们的任务是15公里地段上，组成一个梯队实施突击，他们攻击的敌人是美第三师和土耳其旅。

这场战斗异常地激烈。美第三师和土耳其旅遭受突然打击之后，一面组织抵抗，一面将主力后撤至第二线阵地，继续抵抗。

邱少云和他的战友们紧追不舍，向敌人第二线阵地发起突击，在我军强势的攻击下，敌人的阵地被突破。

敌军冲上公路，步兵和汽车挤在一起，乱作一团。

这时，我志愿军部队的连长、排长、班长一起喊：“冲啊！”邱少云和他的战友们，勇猛地冲向敌军，他们用冲锋枪猛扫敌军，打得敌军四处乱逃，衣物、食品、枪支扔得到处都是。

班长又用英语大喊一声：“缴枪不杀！”由于班长的英语发音不准，敌人没听懂，还是四处乱跑。

邱少云用四川味的英语边打边喊：“缴枪不杀！”这次美军和土耳其军都听懂了，他们双腿下跪，举手投降。

我志愿军另一支队伍，任务是强渡临津江，他们仅用一个小时，就突破了临津江天险。

至此，我志愿军的左翼、中翼和右翼的突

击，均获得全面的胜利，敌人被迫后退。

敌军撤到了汉城及北汉江、昭阳江以南。

敌人逃得非常神速，他们撤退之后，不久就重新组织好了防御。

在汉城周围，敌军加强防御，组成密集的防御体系。他们的意图很明显：引诱我志愿军攻城。

美军调遣了大批兵力，加强了对汉城的防守，敌人以为我军会不惜一切代价去攻城，因此他们准备在我军攻城时，将我军全部消灭。

但我志愿军识破了敌人的伎俩，于是我军下令：第五战役第一阶段结束，停止进攻，部队进行修整。

邱少云所在的部队，迅速调整，补充粮食和弹药，准备第二阶段的战斗。在第一阶段的战斗中，邱少云和战士们打得非常痛快。

第五战役第一阶段停火的第二天起，敌军就用部分兵力实施反攻，他们企图破坏我军的进攻准备，使我军不能及时补充粮食和弹药。

敌军了解到，我志愿军的后勤工作很困难，我们只能供应一周的粮食和弹药，粮食和弹药不能保证供应，我军的进攻就不能展开，就是开始进攻，也不能坚持长久。

我志愿军打破了敌人的阴谋，我军以局部的兵力遏制了敌人的反攻，其余的仍积极备战，抢运粮食和弹药。

我军后方的运输效率也提高了，不到一个星期，弹药和粮食就运上来了。

邱少云看到粮食和弹药，心里特别踏实。他和战友们，继续为第二阶段的战斗做着积极准备工作。

敌军在以部分兵力破坏我军进攻的同时，也进行了充分的战术准备。他们根据参谋部提供的情报，判断我军即将展开的第二阶段进攻，会从中线突破。

于是，敌军向中线调兵遣将。

然而敌军的判断是错误的，我志愿军选择东线为主攻方向！

志愿军政治部发出了第五次战役第二阶段的工作命令，命令中强调：

部队愈是南下，愈要团结朝鲜人民，切实执行政策纪律，并注意搜集缴获物资，以补充自己，克服困难。

第二阶段的战斗很快打响，第三兵团的任务是割裂美、伪军联系和阻击敌第十军不得东援。

命令下达，邱少云和他的战友们勇猛直前，直捣大水洞美军第三十八团的团部。

在这次战斗中，邱少云打得更勇敢，每次战斗任务他都完成得很好。

这次战斗，不但邱少云打得好，他的战友们打得也很好，又涌现出许多的英雄人物。

这些英雄人物中，有两个人令邱少云肃然起敬：他们一个是通信员常同茂同志，一个是师长尤太忠同志。

常同茂同志在这次战斗中，四次冲入敌阵，连夺五个地堡，打死敌人三十多名，活捉七名，缴获各种枪支十余支，荣立了特等功。

邱少云深知，冲入敌阵，需要胆略和智慧，战士每次冲入敌阵，都是一场生死的考验，都需要有一种为胜利而献身、为人民而献身的精神。

一次战斗中，就四次冲入敌阵，这需要何等的勇敢和高尚的献身精神。

常同茂同志不仅四次冲入敌阵，又连夺五个地堡，这又是五次生与死的考验，五次毫不犹豫的奉献！

邱少云心里想着，越发觉得常同茂同志和张思德是一样的，做到了全心全意为人民服务，荣立特等功是当之无愧的。

尤太忠师长在极其艰难的条件下，毅然决定向敌人发起攻击，把敌人百余辆汽车和装甲车堵在山沟里，打得敌人弹药车起火，把美军炸得血肉横飞，歼灭、俘虏美军1250名，取得了战斗辉煌的胜利。

这些英雄的故事，鼓舞、激励着邱少云。

我志愿军战士，在以东线为主攻方向的第二阶段战斗中，取得了胜利。

邱少云在第二阶段战斗中，打得更勇猛、更痛快。

战斗结束后，我志愿军决定，将主力向北转移，进行休整。

在我志愿军转移的途中，敌人又从多路反攻，我志愿军第一八〇师被敌军包围了！

一八〇师的命运，牵动着志愿军全军上下官兵的心！

全体志愿军战士都在担心，一八〇师能否突围。

艰难增援

我志愿军结束第二阶段的战斗，主力向北转移，部队休整。

这天凌晨，敌军以四个军十三个师的兵力，从不同方向向我军反扑。

我军正在转移途中，还没完全形成防御，在这种情况下，被敌人突袭，打得措手不及。

形势非常严峻，我军加平方向的防线被敌军突破后，敌军迅速向纵深突进，他们利用现代化装备，不断突破，撕开我军的防线，这样，我志愿军第一八〇师被包围了。

彭德怀司令听到汇报后，立即命令第三兵团全力救援。

第三兵团首长立刻下令：部队解除休整，停止北移，立即进入战斗，坚决阻敌向北进犯，全力接应一八〇师。

第十五军接到命令后，掉过头来，向南挺进，拦截北进的敌军，去接应一八〇师。

我志愿军的战士们，加快脚步，日夜兼程。他们都明白，早一分钟接应上，就能早些救出战友，就能改变被动局面。

敌军是现代化的武器装备，他们用汽车、装甲车运送士兵，用集中的坦克进行穿插切割作战。

第一八〇师如果被敌人步兵、坦克死死围住，突围就相当地困难，我军接应和救援也会非常艰难。

邱少云和他的战友希望尽快接应上，希望一八〇师在敌人包围的缝隙中尽快突围。

指导员在行军的途中，向战士们讲整个战局

的形势，要求战士们发挥连续作战的精神，打好救援这一仗。

邱少云听着指导员的动员，想起第五次战役开始时的动员令，他感觉这次的救援行动，就是我军取得主动权的关键，是缩短朝鲜战争时间的关键。

我志愿军必须全体动员起来，发扬艰苦奋斗、克服困难的精神，争取每战必胜，保持革命的光荣传统。

第五次战役打响的时候，情况和现在是不一样的，当时是有打胜仗的条件，在战术上、兵力上，我志愿军都做了充分的准备，我们有把握，争取主动权。

这次的救援行动是被动的，因此要取得胜利，是相当的困难。

邱少云担心地问指导员：“一八〇师能够突围出来吗？”

指导员知道邱少云爱思考，他提出这样的问题，不是对救援缺乏信心，而是对一八〇师全体官兵的担心。

于是，指导员反问邱少云：“你说呢？”

“我说？我说难。”邱少云回答。

指导员又问：“为什么？”

邱少云接着说：“敌人正在实施包围，而且，这是敌人第一次包围我军这么多的人马，他们一定要全力以赴，消灭这些被包围的人马，一定会增加包围部队，并利用坦克多、飞机多的优势，把我们和一八〇师割断的，这是敌人的优势方面。

“而我们志愿军，南进救援再快也需要一段时间，要和敌人打起来，更费时间，而被围的一八〇师的粮食和弹药得不到补充，又面临几倍于他们的敌人，要突围是非常艰难的。”

指导员听到这又接着问：“你觉得能有几种可能突围？”

邱少云说：“如果一八〇师在刚刚发现被包围时就突围，现在可能有一部分战士已经突围出来了，这是一种可能。

“这种可能必须是敌人包围圈还没有形成，有缝隙可钻。

“如果已经被包围，没有缝隙，一八〇师不失时机，坚决组织向北突围，也可能突围出一部分。这部分突围出来之后，早晚会和我总部联系上，这是第二种可能。

“这种可能必须是发现被围后，当机立断突围，稍一犹豫，机会就会失去了。

“第三种可能是，一八〇师在包围圈内硬顶，待我救援部队解围成功，与我救援部队会合。

“第四种可能是，如果一八〇师现在已经被割裂，被打散，伤亡过大，那可能等不到我救援部队解围，就丧失战斗力了。

“指导员，我说完了，该你说了，你说一八〇师能突围出来吗？”

“能。”指导员斩钉截铁地说。

邱少云没想到指导员回答得这么干脆。自己分析了四种可能，指导员这一个字就说完了。邱少云感到不满足，问：“为什么？”

指导员说：“我说能，但是要有几个条件。这几个条件具备了，就能突围成功。

“第一，一八〇师的指挥员面对突遭包围，当机立断，发扬敢于斗争、敢于胜利的精神，沉着坚定地指挥突围。

“像打攻坚战那样突围，像尤太忠师长那样，在不具备全歼敌人的困难条件下，毅然率部队发起攻击。在攻击中创造条件，变被动为主动。

“第二，战士们都有常同茂那样的胆略和大无畏的战斗精神。

“常同茂四次冲入敌阵，连夺五个地堡，一八〇师的战士若是个个赛过常同茂，有多少美军能挡得住？

“第三，一八〇师纪律严明，步调一致，指挥员执法严格，战士们视纪律重于生命，要突围就一定要突出去。

“武器装备固然重要，飞机、大炮、坦克确

实不能忽视，但人更重要。

“决定战斗胜负的是人，是指挥员和战士的素质，越是在危急的情况下，越能表现出人的素质。

“第四，我救援部队迅猛攻击实施包围的敌军，撕开敌军包围圈，接应一八〇师突围。同时，我救援部队也要有力地打击敌人的增援部队。”

“指导员，这四个条件现在具备吗？”邱少云问。

指导员说：“要经过努力才能具备。

“第一，我们的师首长都是久经考验的。在国内三大战役中表现突出的，才能被调到朝鲜战场，相信一八〇师的师首长不会让我们失望。

“但是，要求每个师首长都像尤太忠师长那样，每次战斗都指挥得特别出色，这就很难了。我们希望一八〇师师首长能指挥出色。

“第二，战士是优秀的，但像常同茂那样的特等功臣，毕竟是少数。一八〇师的战士情况比较复杂，如果政治思想工作跟得上，就能突围。

“第三，纪律是否严明，要在战斗中体现，要在关键时刻体现，要在非常时刻体现。

“我认为，现在正是对一八〇师纪律性的一个严峻考验。

“如果思想斗争不开展，荣辱界限不明，那就很危险！

“第四，就看我们增援部队了，你有信心吗？”

邱少云说：“我有决心，只要能救出战友，什么都可以奉献。”

邱少云停了停，又接着说：“指导员，我还担心一八〇师在关键时刻能不能表现出严格的纪律性，能不能把纪律看得比生命还重要，否则的话，就危险了。

“面对敌人同样的飞机、大炮、坦克，同样是敌人的阵地碉堡，纪律严明的军队就冲得上去。

“但愿一八〇师师长像尤太忠，一八〇师的

战友们像常同茂。”

美军的飞机发着怪叫，疯狂地向我军扫射。我志愿军的部队正向南急行，被迫卧倒隐蔽起来，以防空袭。

邱少云焦急地想：“这么宝贵的时间，让敌机的轰炸给耽误了！”

敌军飞机炸弹的爆炸声还在山谷回荡，重型坦克的轰鸣声又传来，那些坦克一边前进，一边向我军射击，炮火异常地猛烈。

在坦克的后面，是美军的步兵，这是美军的增援部队，他们进攻速度很快，并且非常猖狂。

连长、指导员立即指挥战斗，阻击敌军向北进攻！

邱少云清楚地意识到：这场救援的战斗将异常地艰难！

接应战友

激烈的战斗开始了，为了我增援部队不被敌军纠缠，以免影响部队救援一八〇师的行动，指导员让部队拦截住敌人组织，敌军向我军被包围的志愿军战士靠近。

指导员对战士们说：“我们一定要一起努力拦截敌军，迫使他们不能前进，只有这样对一八〇师的突围才有利，我们也能更快地与他们会合。”

指导员接着又说：“我志愿军被截在三八线以南的，当时除了一八〇师外，还有二十七军和十二军。

“第二十七军是在向北转移的过程中，发现了敌军的飞机向我军后方飞来，敌军的坦克从左右两翼向我后方开进，还有敌军的摩托部队也从左右两侧向我后方迂回。

“第二十七军断定，敌人要集中坦克、摩托兵和空降兵，进攻、侵袭我军后方的桥梁和渡口，对我军实施拦截包围。

“军长面对二十七军已经断粮的严峻情形，仍沉着镇定地指挥部队。他让部队相互掩护，寻找敌军的突破口，绕路前行转移，使部队完整地突出了包围。”

邱少云又焦急地问指导员：“十二军现在的情况怎么样了？”

指导员说：“这些指战员们被截的地方，离我们这儿90公里，比一八〇师还要远。当他们发现自己被围时，也已经断粮了，当时附近一带的朝鲜居民都已全部撤走了，根本无处借粮。部队的官兵们相互鼓励着，他们一边行军，一边采野菜，用来充饥。

“为了突围，这些官兵还与敌军交战过，打了许多次小的歼灭战，还夺得了敌人的武器弹药。

“为了不暴露目标，他们白天隐蔽，晚上混在敌人的后边，向北转移，现在他们也已经突围回来了。”

说到这，指导员停了一会儿，又担心地说：“现在电台联系不上，也不知道一八〇师的情况怎么样了。”

听了指导员的话，战士们议论起来：“说不定一八〇师也是在夜间，混在敌人队伍中间，向北转移呢，我们夜里要清醒着点儿，要是一八〇师突围出来了，咱们就冲上去接应。”

指导员也说：“是的，我们要看准时机，接应一八〇师突围。但是现在还不清楚他们的情况。

“可能一八〇师的情况比十二军和二十七军都复杂，我们一定要做好各种准备，给他们的突围创造条件。”

指导员又说：“彭总及军首长们都很关心一八〇师，联系不上他们，大家都很着急，我想负责侦察的部队会想方设法和他们联系上的，大家晚上要特别注意。”

邱少云把指导员的话，深深地记在心里，晚上特别警惕。

夜战是我志愿军的长项，我军的许多战役，都是在夜间进行的，突围更要有夜幕做掩护。

黑夜，敌军的现代化装备发挥不了优势，他们又怕死，不愿意也不敢夜战。即使他们知道我军要利用夜间行动，他们也无能为力。

黑夜里，一个黑影在向我军的方向移动着，在离我军阵地30米远时，黑影谨慎地停下来观察着情况，没有一点声音。

在离我军阵地十米远的时候，邱少云看清了，这个人穿着美军的军服，头戴钢盔。

等这个人爬进我军阵地时，立即说自己是一八〇师的侦察员。

邱少云听这个侦察员对指导员说："我师刚刚向北转移，敌人就出动飞机、坦克和摩托部队，从我师左右两侧迂回，他们先是占领了桥梁和渡口，截断了我军向北转移的去路，然后就包围了我们。

"我们的部队正在休整状态，对敌人突然袭击，没有心理准备，而敌人又动用了大量的军队、武器装备，攻击速度极快，我们来不及去抢占桥梁和渡口，我们只抢占了山头，占领了制高点，但是这样要想突围就非常艰难了。

"敌军包围了我们之后，又利用坦克和摩托部队对我师进行攻击，分散我们的部队，我师被迫向不同的山头撤退，作战能力非常地弱。

"看到我们分散战士，敌军中的特务就进行煽动，潜藏在我师中的敌军特务，与他们里外呼应，借机煽动叛变，一时间师中混乱起来。

"在这个时候，师首长下令，让部队分散成小股进行突围，现在，其他分散部队的突围情况，我不清楚，我们这一股部队，大约有一个营的兵力，经过艰难的反击，突围出来了，就在这股敌人后面，营长让我先混过来，和你们联系，请你们接应一下。”

连长和指导员立刻向上级报告。

上级首长听完汇报后，立即下令：接应这个突围出来的部队！

邱少云和他的战友们接到命令，立即向敌人发起猛烈的攻击，很快在那个营突围的方向，打开一个口子。

这个缺口两侧的敌人，也立即向我军接应突围的战士进攻。

我军奋力抗击，在东西两侧阻击敌军。

经过激烈的战斗，我接应部队终于和突围的部队接应上了，随后他们立即相互掩护着撤退。

不到半个小时的时间，被包围部队的官兵成功地突围出来了。

接应出自己的战友，邱少云和他的战友们都很兴奋，他们希望一八〇师其他分散的小股部队都能突围出来。

这一夜，敌军的军营乱了起来，他们频繁地调动着部队，准备进攻。

邱少云和他的战友们都严阵以待，战士们都盼着，一八〇师其他被包围的战友都能顺利地突围。

巧歼敌军

敌军和我军的战局开始变化了，敌军不再从多个方向向我军发动进攻，他们实施了所谓的“攻势防御”，实际上就是防御，他们发动小股进攻，用飞机轮番进行轰炸。

我军也针对敌军的战略，开始防御。

我军命令，一线的部队开始挖战壕、构筑工事，从各个方面，做好了反击敌军进攻的充分准备。

同时，利用小部队进行进攻和狙击活动，挤占有利地带。

邱少云所在的部队，在战斗的第一线，邱少云很快进入了狙击准备中。

狙击战开始了，敌我阵地也发生了变化。以往作战，进攻是轮番攻击，防守是硬顶死守，炸弹、炮弹声和枪声不停地响。

这次战斗，阵地上的枪声稀稀拉拉，但邱少云认为，枪声虽然不紧，但是战斗的准备要随时做好。

无论进攻，还是防守，敌人的武器装备及设备，都远远优于我军。

面对敌人的优势，邱少云想，我们也要发挥我们的优势，先在伪装上下功夫，伪装掩体，伪装战壕，伪装自己，让敌人的飞机和望远镜等先进的设备难以发现。

打狙击战时，也不能总在一个地方打，要因人而异，不断变换位置。

邱少云根据实际情况，绘制了敌人狙击兵的分布图，并摸索出敌军改变射击位置的规律。

按敌军的射击规律，邱少云进行狙击，第一

天拂晓，他就打死了美军一个少尉、一个狙击兵。

敌军发现了邱少云狙击之处，就让他们的炮兵向邱少云的狙击阵地进行轰击，邱少云躲进防炮洞。

邱少云躲进防炮洞，他开始琢磨：敌军怎么反应这么快？自己射击时，天上没有敌军的飞机，就是敌人用望远镜，也看不到自己，敌人是怎么发现的呢？

一整天，邱少云都没有再进行狙击。

拂晓，邱少云开始观察敌军，他发现敌人阵地的右后方有一块突起的高地，敌人要是在那里设观察所，那我军阵地的狙击情况就会被看得清清楚楚。

邱少云向班长报告了自己观察到的情况及自己的怀疑，班长立刻向上级首长作了汇报。

我军一声炮响，敌人阵地上凸起的高地，被炸飞了，邱少云看到在飞土中，还夹杂着敌人的残肢断臂。

紧接着，邱少云到另一个位置上观察：他看到敌人阵地上有一堆草长高了半尺，邱少云知道，那是敌人狙击手的头，于是邱少云猛扣扳机，那堆高出的草消失了。

邱少云的这一枪，引来了敌人一阵重机枪的扫射，邱少云又钻进了防炮洞。他心想，敌人不再开炮了，就说明自己对观察所的判断，是正确的。

在防炮洞中，邱少云又记下了敌人重机枪的位置。

这天夜里，邱少云爬到距离敌人重机枪阵地很近的中间地带，开始挖掩体和防炮洞。天亮前，掩体和防炮洞挖好了，邱少云就在掩体里埋伏好。

清晨，天气是晨雾弥漫。我军阵地的狙击兵利用晨雾，连开了三枪，打死了敌军三个狙击兵。

邱少云又发现了，敌人重机枪护板的后面，有人影活动，头刚露出了一点点，邱少云扣动扳机，敌人的头影不见了。

这一天，我志愿军共消灭敌军的狙击兵十一人，我军中三名狙击手，也光荣地牺牲了。

邱少云又进防炮洞隐蔽起来，整整一个白天，他都在洞中观察敌人狙击兵的换位情况。邱少云在心里盘算着，第二天要怎么打，敌人狙击兵会在什么位置出现。

深夜，到处一片漆黑。邱少云回到阵地，他把自己的想法告诉了狙击手们。班长说："明天咱们来个统一行动，拂晓就把敌人的狙击手全干掉！"

指导员来了，他传达了一个重要事情。

指导员说："大家都很关心一八〇师的突围情况，现在可以告诉你们大家了：一八〇师的首长，带了一部分战士突围出来了，整个部队被打乱了、打散了，死伤和失踪的人数很大。

"这是我军入朝以来，遭受的最严重的一次挫折。彭总司令要求我们军、我们兵团、我们全军都要认真总结，找出原因。"

为了教育全军，上级下发了《关于一八〇师受损事件通报》，要求在全军中传达。

指导员传达了上级首长的指示精神，接着又按总结中提出的五条受损原因和教训进行讲解，指导员讲得很细。

战士们听完指导员的话之后，热烈地讨论起来，邱少云在讨论中说：

“一八〇师受损严重，我很难过。我和大家一样，都曾经希望他们能胜利地突围出来，为了接应他们的突围，我们愿意献出一切、牺牲一切。

“在指导员传达前，我还是这么希望的。这次的总结，太有必要了，我们决不能再发生这样的事情。

“我觉得一八〇师受挫的原因很多，最重要的一条就是：部队自身乱了，纪律性不严。

“一八〇师这次的教训是惨痛的，这个教训再一次警告我们：纪律就是生命，纪律重于生命。我们每个战士都必须自觉遵守纪律，才能保证战斗取得胜利。”

班长接着说：“邱少云说得很对，我非常赞成，加强纪律性，革命无不胜！我有个想法就是：我觉得敌军抓住了一八〇师的弱点，所以把他们包围了。

“如果一八〇师认真总结失败的教训，并吸取这次教训，一八〇师还会再打胜仗的。我认为，只有经历从胜利到失败的过程，战士才百炼成钢，部队的战斗力才能更坚实过硬。”

邱少云认为班长说的非常有道理，特别是最后的“坚实过硬”四个字，更为重要。作为一名战士，必须要有坚实过硬的功夫遵守严明的纪律，才能打胜仗。

大家讨论着，不知不觉天都要亮了，邱少云觉得讨论的时间过得真快。

班长向指导员报告了，他们即将进行的狙击行动，指导员听后说：“先打，晚上再接着讨论。”

天亮了，晴空无云，敌人阵地上的一切，都

清晰地展现在我军战士的面前。

在敌军的狙击兵位置上，又有一堆高出半尺的草丛。

班长正要下命令打，邱少云突然意识到了什么，并对班长示意了一下。

机智狙击

邱少云意识到，敌人猜到了我军的意图，故意用高出的草堆，诱惑我军，而敌军一定躲在其他位置，我们千万不要上当！

班长也意识到敌军的鬼把戏，下令说："转移到其他位置上，要快！"

敌人是从邱少云那儿学的，他们乘黑夜，也到中间地带挖了掩体，就在我狙击手向备用位置转移的时候，敌人开了枪，我们的战士受了损失。

枪声停止，阵地变得十分安静，整整一个白

天，都如此安静。

夜幕降临，进入中间地带的敌军狙击手，悄悄从掩体里爬出来，向他们的阵地爬去。

敌军小心翼翼地行动着，他们利用地形地物做掩护，快接近阵地了，敌军的头才稍稍抬高了一些。

就在这一瞬间，邱少云和他的战友们的枪响了，21个美军狙击手，个个头部中枪，趴在了他们的阵地前 。

邱少云和他的战友，打死美军的狙击手后，立即换了位置，但枪口还是对准着他们。

时间过去了一个小时，从美军的阵地里又爬出21个狙击手，他们要把那21具尸体拖走。

邱少云和他的战友们再次扣动了扳机，这21个美军狙击手也被打死了。

敌人的大炮开始向我军狙击的阵地轰炸，邱少云和战友们转入了防炮洞。

敌军炮击停止后，邱少云出洞观察，发现敌人阵地前的美军尸体全被拖走了。

邱少云心想，在敌人炮击时，是狙击歼敌的最好时机，但是要把防炮洞构造改造一下，留出射击孔。

邱少云把这一想法，付诸实践，这一改造增加了歼敌机会，敌人原以为用炮击做掩护，他们在阵地上就自由了，他们没想到，邱少云和他的战友们，把枪口已经对准了他们。

邱少云狙击歼敌的次数和人数越来越多，经验越来越丰富了。

在开展狙击活动的同时，部队不断组织小部队战斗。

邱少云多次参加小部队战斗，其中规模较大的是夜袭敌军的炮兵阵地。

敌军炮兵阵地的具体位置还不清楚，邱少云他们在打狙击时，只知道敌军的这个炮兵阵地在狙击阵地的后面。

邱少云他们神不知鬼不觉地，就通过了敌军的狙击阵地。

敌人的狙击阵地后面是一个狭窄的盆地，有

一条公路通往盆地。

敌人的炮兵阵地就在这片狭窄的盆地里，公路上停着运送炮弹的卡车。

阵地上有20门火炮。邱少云看到，这些火炮已经做好了射击准备，很快就会向我军阵地射击。

通常情况下，敌军很少在夜里射击，不知道他们今晚发现了什么，半夜就打起炮来。

邱少云猜想，一定是我们的小部队在行动，敌军在进行炮火拦击。

邱少云在等待排长下令，向敌军的炮兵攻击。

排长在仔细观察着：现在的地形，是好打不好撤，战士们很容易冲下去，再冲上来就难了。这枪一响，我军偷袭敌军炮兵阵地的意图就暴露了，他们一定会从山上向我偷袭部队射击的。

根据这个情况，排长下令："注意，摸进敌人炮兵阵地再打，5分钟结束战斗，从原路撤回山上。要绝对听指挥！各班长到我这里来领任务！”

排长一挥手，各班像离弦的箭，奔向各自的目标。

几分钟后，战士们都进入了预定的位置。

排长一声令下，各班轻机枪、冲锋枪、手榴弹、手雷一起上，打得美军炮兵猖狂逃窜，四处乱撞。

邱少云和战友们，乘势追击，紧追不放，阵地上是喊杀声和惊叫声响成一片。

敌军乱作一团，到处乱跑，运送炮弹的汽车在乱转。

邱少云见机心里一动，他向装炮弹的汽车扔了一颗手雷，只听一声巨响，炮弹被引爆！接着，一辆辆汽车、一车车炮弹都被引爆了，爆炸声连成一片。

敌军的炮兵阵地一片火海，火炮及炮弹被全部炸毁了！

这时，排长一声令下：“撤！”邱少云和的战友们，紧跟着排长，撤出了敌军的炮兵阵地。

向炮兵阵地冲过来的敌军，望着火海中的阵地，望着惨叫的炮兵，吓得不知如何是好。

就在敌军不知所措的时候，邱少云和战友们已经冲到了山上。

新的考验

敌军遭到惨败，开始组织进攻追击。

敌军占据有利地形，对邱少云他们构成很大威胁。

这次狙击的敌军，都是老手，他们射击很准，枪声一响，我军七个战士就被击中。

邱少云和他的战友们立即卧倒，隐蔽起来。

敌军的狙击手要用火力，封锁邱少云和他的战友们。

我军必须冲回阵地，要不惜一切代价强冲，否则将会损失惨重。

邱少云和他的战友们商量，他们准备一起扔出一排手榴弹后，借着手榴弹的爆炸，冲过敌军狙击手的封锁线。

邱少云他们正准备扔手榴弹时，我军的阵地枪声响起，指导员带人来接应邱少云和他的战友们了！

邱少云和战友们，乘势一跃而起，冲回了我军阵地。

这次夜袭，取得了胜利，战士们欢呼着，非常开心。

在朝鲜战场上，我志愿军像这样的战斗，打了无数次，战斗的规模虽然不大，但收获很大，我军积小胜为大胜，既巩固了我军的阵地，又抢占了有利地带。

我军在取得小部队战斗和狙击战斗胜利后，总结了经验，组织了战术反击。

反击战斗非常的激烈，争夺一个阵地要经过数次战斗，我军打得英勇顽强，出现了许多英雄，其中杨春增和伍先华最为突出。

杨春增是副排长，在进攻一无名高地的战斗中，他的排8分钟就攻上山头，全歼敌军一个排。

敌军不甘心，进行了疯狂反扑，他又指挥打退了敌人的八次进攻。

最后，阵地上只剩下他和牟元礼两个人了，敌人又攻上来一百多人，杨春增手举最后一颗手雷，冲入敌群，把敌人炸得粉碎，自己壮烈牺牲。

伍先华是个班长，在攻西山的战斗中，我军冲锋的部队，遭到敌人坑道机枪射击，封锁了我军进军路线。这时，伍先华抱着五公斤重的炸药包，向敌人的坑道口冲去，与敌人同归于尽，壮烈牺牲。

在邱少云的心里，杨春增和伍先华是朝鲜战场上的董存瑞，他们的英雄行为和董存瑞舍身炸碉堡是一样的。

为了胜利，为了战友的生命，为了祖国安全和世界和平，他们献出了一切，献出了最宝贵的生命。

从参军的第一天起，邱少云就时时刻刻面临生与死的考验，他每时每刻，都做好了为革命牺牲的准备。

当邱少云准备拼刺刀的时候，就是准备英勇献身的时候。

当邱少云冒着枪林弹雨前进的时候，也是准备牺牲的时候。

邱少云要求参加突击队、敢死队、侦察队的时候，也就是准备英勇牺牲的时候。

在战场上，我们的每个战士都是英雄。但我们的战士却认为：只有像杨春增和伍先华这样的战士才是英雄。他们的牺牲是为了崇高的目的：那就是为了人民。他们的牺牲，起到了关键作用，保障了战斗取得胜利。

他们的牺牲，表现出我们战士的大无畏的革命精神，表现出他们视纪律重于生命的精神。

他们的牺牲使千百万战士和人民受到激励和鼓舞，使他们成为英雄。

英雄的崇高思想使邱少云的思想境界不断升

华，走向成熟。

在英雄精神的鼓舞、激励下，邱少云向党组织提出了入党申请。

一次，邱少云所在的连队，又接受了一个十分艰巨的反击任务，邱少云在执行任务中，遇到了前所未有的严峻考验。

任务是攻占三九一高地。这个高地。山势极为险要，狭长孤立，全长1200米，是伪九师右翼前哨阵地的主要支撑点，是敌人的耳目和屏障。

这个高地深入我军阵地，直接威胁着我军阵地的巩固和安全。

要完成攻占这个高地的任务，是相当困难的。

敌军在三九一高地驻有重兵，修筑了大量碉堡、工事和暗火力点，高地后面还有强大的炮兵阵地。

而且，从我军阵地到敌军阵地前沿，还有3000米的开阔地！

3000米的开阔地呀！怎么通过？

敌人的炮火随时都可以让这片开阔地变成火海。敌人阵地的火力随时都可以攻击这3000米的开阔地！

要想在白天通过这3000米的开阔地，几乎没有可能；夜晚，敌人的照明弹把高地照得雪亮，就像白天一样。

想通过，太难了！

然而，困难，在调动人们的智慧；在激励着敢于挑战的指战员；在考验每一个人，特别是指挥员。

我志愿军广大的官兵，面对着困难，集思广益，研究着战斗方案。

我军的首长，在许多惊险的方案中，最终决定用这样的方案：派500人的潜伏部队，利用夜色，秘密进入开阔地，潜伏在敌军阵地前沿的茅草地中。

这样既可避免人员的伤亡，又可以增加进攻的成功性。

这就要求我们的战士，在潜伏前、在不惊动

敌人的情况下进行侦察，摸清三九一高地的地形，摸清敌人的明碉暗堡，制订周密的潜伏计划，并在最短的时间内，练出适应在三九一高地潜伏的本领，保证潜伏部队在发起进攻前的二十几个小时内，不暴露目标。

这个任务确实太难了，也太惊险了。指战员们从接受任务那一时刻起，就处在非常兴奋之中。

三九一高地一直威胁着我们的阵地，战士们早就想攻上去了。

任务交给了邱少云所在的部队。干部、战士纷纷写请战书，要求参加侦察小队。

此时的邱少云，已郑重地向党组织递交了入党申请书，他在申请书中写道：为了世界革命，为了战斗的胜利，我愿意献出自己的一切！

党组织为邱少云的进步感到高兴，批准他参加侦察小队。

夜里，连长带队，邱少云随部队上了三九一高地。

侦察小队悄悄地摸到了敌人阵地的前沿，邱少云和班长在一个战斗小组。

在敌人的照明弹照射下，高地忽明忽暗。

借着照明弹，邱少云发现，敌军在阵地前沿设置了铁丝网和围墙，主阵地上，地堡、暗堡连成一片。

敌人对这3000米开阔地看守十分严密，相隔几分钟，就发射一颗照明弹，邱少云他们随时都有被发现的危险，稍有不慎，就会暴露。

通过侦察，邱少云感到，潜伏部队一定要动作快，而且不能出一点声响。因为潜伏位置离敌人前沿只有五六十米，有一点声音敌人就能听见。

邱少云还意识到，潜伏部队必须僵卧着一动不动，轻轻地一动，都有可能被敌人发现，要想完成潜伏任务，必须练出过硬的僵卧不动的本领。

为完成潜伏任务，部队进行实战练习，并提出，参加潜伏部队的战士要经过考核，考核合格才能参加。

开始实战练习，邱少云非常刻苦地练习。中午休息的时候，他把潜伏用的炸药、爆破筒、手雷带上跑到野外单独练习，他练习怎样行动没有声响，怎样隐蔽不暴露目标。

进入考核阶段，邱少云每项考核的成绩都合格，特别是走路，别的战士8分钟才能通过的一段距离，他5分钟就通过了，而且脚步特别轻，轻得几乎听不出一点声音。

邱少云完全符合潜伏的要求，成为潜伏部队的一员。

为了准备得更加充分，部队又组织潜伏部队到三九一高地摸地形。

邱少云担任扫清障碍的爆破任务，他很想在这最后的时机，发现一些新的情况，特别是敌人的暗火力点、暗堡，因此，邱少云在侦察中，总是想向高地靠近些，再近些。

邱少云注意到，敌人的火力侦察连续不断，并且敌人的哨兵增加了，除岗哨之外，还有流动哨，而且流动哨的活动范围很大。

这是新情况，邱少云都暗暗地记下了。

就在邱少云用心观察敌人的火力点时，敌人的流动哨走到开阔地，并向邱少云潜伏的位置走来。

危急时刻

我军阵地上的首长看到了这一情景，他们紧张起来，心里在想：绝不能让敌人发现，否则就会失去攻占高地的可能性。

指导员也暗暗地为邱少云担心，邱少云的潜伏考核成绩是优良，但是眼前出乎意料的情况，邱少云绝不能暴露目标，若是敌人踩到他身上就暴露了。

班长急得出了一身冷汗，邱少云离敌人太近了，如果邱少云被敌人发现了，必然会暴露目标，侦察部队的战士们就很难撤下去，整个反击、潜伏的计划就要受影响！怎么办？必须快做决断。

此时，邱少云屏住呼吸，双眼紧盯着敌人，他在心里暗暗叮嘱自己：决不能动，决不能暴露目标。

邱少云想到，如果敌人一直朝自己走过来，只是盲目地走过来，并没有发现自己，那就要想办法让他改变方向。

这时，起风了！

邱少云隐蔽地方的茅草有半人高，茅草随风舞动着，由于草随风动，不会引起敌人的注意，邱少云借机悄悄移动了位置。

邱少云的移动没出一点声音，看来他这些天的功夫没白练。

敌人从他旁边搜索过去，没有发现他。

邱少云有惊无险，侦察小队撤回来了。班长担心地说："可把我急坏了，没想到你还会借东风！"

指导员拍了拍邱少云的肩膀问他："假如没

有风，你怎么办？”

在观察所的我军的首长，也在思索这个问题，必须马上拿出办法，对付邱少云遇到的这种情况，因为明天晚上，潜伏部队就要开始行动了。

邱少云面对指导员的问题，说出了自己当时的想法：“造成敌人的错觉。”

指导员很惊奇地问：“你想用什么办法，造成敌人的错觉？”

邱少云说：“我还没想出来就起风了，风能使敌人产生错觉，我马上利用了风吹草动。”

指导员心里说：“必须尽快拿出办法，今天是天助我军，而我军绝不能靠天。”

潜伏部队行动开始前，师长进行战前动员：“你们这支部队，是具有光荣传统的部队，从抗日战争、解放战争到抗美援朝战争，你们像一把打不扁、砸不烂的大铜锤，打到哪里，哪里的敌人就头破血流；锤到哪里，哪里的敌人就土崩瓦解。

“这次，你们也一定能完成潜伏任务，把三九一高地上的敌人锤个稀巴烂！”

战士们高呼：“保持部队的光荣传统，坚决完成潜伏反击的任务！”

潜伏部队向三九一高地进发，经过急行军，部队到达了预定潜伏区。深夜24时，潜伏部队全部就绪。

邱少云潜伏在高地的东边，距离山脚只有60米，此地杂草丛生。

夜晚的高地天气寒冷，邱少云的腿都被冻麻了。

黎明时分，浓雾笼罩着高地四周的山岭，三九一高地湮没在浓雾之中，远远看去，分不清是雾在动还是山在动。

天亮了，太阳升起来了，浓雾渐渐地变成薄雾，变得透明。邱少云眼前的三九一高地在薄雾中渐渐地清晰了。

邱少云看到，高地上的情形没有变化，主阵地上的明碉暗堡和火力点都没有变。持枪的哨兵在交通壕里来回地走动着，军官不时用望远镜瞭望。

邱少云能听见敌人在低声说话，但他不懂英语。

太阳缓缓地上升，阳光驱走了邱少云身上的寒气，夜里冻麻的腿暖和起来。

一夜没合眼，邱少云觉得此时自己的眼皮有点沉，总想闭上眼，一闭上眼就进入梦乡。

邱少云咬了一口生姜，驱散了睡意，兴奋起来。他一边观察三九一高地敌人的动向，一边也观察着自己的周围，观察他们潜伏的环境。

邱少云在夜里对这个潜伏地侦察过的，但白天和夜间观察的感觉不一样。现在他觉得这个潜伏区并不是十分隐蔽的。

潜伏区离敌人很近，邱少云能清楚地看到敌人的哨兵和军官，敌人居高临下，也很容易发现我军的潜伏部队。

邱少云能清楚地听见敌人说话的声音，敌人对潜伏区里发出来的声响，也能听得清清楚楚。

现在潜伏区没风，茅草像僵固了一样，一动不动，此刻，如果我们的战士伸伸腰、曲曲腿，都有可能被敌人的眼睛看见，何况他们还使用望远镜！我们的战士必须僵卧不动，像雕塑一样。

这里没有任何能出声的东西。我军战士发出极低的咳嗽声，敌人都可能听见，我军必须绝对不能出一点声响。

潜伏区也并不是十分隐蔽，战士们全靠身上的伪装掩护了。

邱少云从荒草缝里看了看自己的前面，班长和几个战友都伏在枯黄的茅草里，他们的身上披着厚厚的茅草伪装，不走近看，很难发现他们。他们比邱少云离敌人还近，非常沉着自信。

邱少云看着他们，心里踏实了许多。他转过脸，邱少云看伏在他身边不远的李元兴，他伪装隐蔽得更好，相隔这么近，邱少云几乎没有找到他。

李元兴是邱少云的亲密战友，后来成长为二级英雄。他也在观察潜伏中的邱少云，觉得邱少云伪装隐蔽得最好，远看像堆茅草，近看还是像堆茅草。

看完这一切，邱少云觉得，虽然自己和战友们伪装得很好，但还是觉得敌人的哨兵和用望远镜观察的军官对他们构成了危险！

我军开始向三九一高地发起炮轰。我军的炮弹像长了眼似的，把邱少云他们侦察出来的明碉、暗堡统统炸掉，敌人的地堡也一个接一个地被炸翻，木头、碎石和敌人的尸体满天飞舞。

敌军的哨兵退缩到工事里，用望远镜观察的军官也躲进了隐蔽洞。

我军的大炮打得太准了！这不但为我军夜晚的突击打开了道路，而且直接保证了我潜伏部队的安全！

三九一高地被我军的炮火轰击，邱少云和战友们心里非常高兴，他盼着太阳快快落山，自己好和战友们借着炮火炸起的烟雾冲上去。

可是太阳就是不想落山。

潜伏区阳光很足，邱少云感到燥热。蚂蚁、

蛐蜒拼命往战士衣裤里钻，邱少云的裤筒扎得紧紧的，蚂蚁还是钻了进去，痒得难受。

邱少云任蚂蚁在周身漫游，一动不动。

到上午10点钟时，我军的炮火停止了轰击。敌人趁机派出一个班到高地进行搜索。

敌人一边搜索，一边扫射，中弹的战士捂住伤口，忍住疼痛，一声不响！

突然，一个搜索的敌军踩着了我们的潜伏战士，吓得掉头就往阵地跑！

潜伏区陡然紧张起来。

临危不惧

在这千钧一发的紧急时刻，我军观察所的首长立即果断命令：炮兵向敌军射击。

我军炮火猛烈地轰击着，在三九一高地的东面筑起了一道火墙，截住了进攻的敌人，将敌人全歼在半山腰。

邱少云终于松了一口气，他看到，在这关键的时刻，500名潜伏的战士都严守潜伏纪律，像雕塑一样，纹丝不动。

我军的坚决、果断、准确而及时的炮击，保住了我军潜伏的秘密。

在我军的炮轰下，敌人非常害怕，他们既不敢在阵地上露头露脸，也不敢再派兵搜索。

敌军对这3000米的开阔地，始终是担心害怕。不久，敌军就派一架侦察机，在潜伏区的上空盘旋，紧接着又派四架轰炸机，在潜伏区的上空盘旋。

三九一高地上的敌人，也向潜伏区打了两发烟雾弹，地上的浓烟刚起，飞机上就扔下了燃烧弹。

潜伏区燃起大火，烧得野草噼啪爆响，火苗呼呼地蔓延。敌军对我军进行火力搜索。

我军的潜伏战士，间隔的距离较大，只是个别的地方燃烧起来，一时还没有战士被烧，潜伏战士仍是一动不动地僵卧着。

接着，敌军又向三九一高地发射烟雾弹，烟雾弹在邱少云、李元兴的附近爆炸，随后一排排的炮弹横空飞来。

炮弹炸飞了石头，地上燃起了大火，炮弹击伤了潜伏的战士，但战士们知道这是敌人警戒也是敌人的火力侦察，所以战士们都默默地忍受伤痛和火烤，依然一动不动。

敌人经过一阵轰炸，还是无法判断这3000米开阔地到底有没有我军的潜伏部队。于是，敌军决定再进行一次燃烧弹搜索。

又是一排燃烧弹向潜伏区飞去，这次其中的一颗燃烧弹，在距邱少云两米远的草地上爆炸了，带火的弹片溅到了邱少云的腿上，引燃了他腿上伪装的枯草，火苗顿时蹿起来！

一阵浓烈的棉布烧焦的味道钻进了邱少云身边的战友李元兴的鼻子里。李元兴扭头一看，烈火烧到了邱少云身边，邱少云的棉衣已经烧着了，浑身上下向上蹿着火苗，火苗趁着风势，连成一团烈火，把邱少云包围了。

借着火势，三九一高地上的敌军胆子更大了，他们从工事里爬了出来，从隐蔽洞里钻了出来，紧紧盯着阵地前这3000米的开阔地。

敌军胆战心惊，他们害怕在自己的眼皮底下，隐蔽着我军的潜伏部队。

敌军用望远镜观察着燃烧的草地，搜索着他们认为可疑的目标。

李元兴和邱少云身旁的战友们，看到邱少云被烈火包围，心里一下子紧张起来。

李元兴知道，邱少云身边的战友，任何一个跳过去，把邱少云从火里拉出来，扯掉他身上着火的军衣，都能挽救他的生命，可是，这样一来，潜伏部队就会被敌人发现，我们的潜伏反击计划就要失败。

如果邱少云此时迅速地从火堆里跳起来，就地打几个滚，也可以把火压灭。但是这样不但他邱少云自己暴露了，整个500名潜伏的战士也暴露了。

在这危急时刻，邱少云从未想过自己要跳起来灭火，他咬紧牙关，僵卧在那里。

烈火越来越大，邱少云身上的棉衣被烈火烧成了灰片，邱少云的脸上流着豆粒大的汗珠，但他仍咬紧牙关忍受着，一动不动。

李元兴最能体会到，此刻邱少云忍受着怎样

的痛苦，火苗子靠近，脸都火辣辣地疼，何况全身都在烈火之中！

李元兴的心紧缩起来：他担心邱少云会在实在忍受不住的情况下突然跳起来，或者突然叫喊出声来。

邱少云此时此刻的一举一动，都关系到500名战友的生命，关系到整个潜伏反击行动的成败。

在邱少云的身边是一条水沟，只要他后退几步，在泥水里打几个滚，就可以把自己身上的火扑灭。但是这样，火苗一移动，敌人就会发现。

烈火已经烧到了邱少云头部，邱少云到了生死关头！

李元兴怀着紧张焦虑的心情，看着邱少云，他几次扭回头，不忍心眼看着战友活活地被火烧死，但是，他又忍不住要看，他的心像刀绞一般地疼。

几分钟过去了，烈火更大了，邱少云被烧成了火人。李元兴看见邱少云直喘气，但没有一点声响，他僵卧着，纹丝不动，像燃烧着的雕像。

李元兴和邱少云的眼光相遇了，邱少云的眼光坚毅沉着。那眼神似乎在对自己的战友说："不用为我担心，我能挺得住。"

李元兴望着烈火中的邱少云，望着忍受着烈火燃烧着的邱少云，心一阵阵紧缩：邱少云在用自己的生命保卫着500名战友！

指挥员望着岿然不动的邱少云，心情沉重：邱少云在用自己的生命保证潜伏反击作战的胜利。这位视纪律高于生命的战士，将要为中国人民和朝鲜人民的事业献出生命！

烈火在草地上蔓延，三九一高地上的敌军，虽然没有发现任何可疑的迹象，他们仍然向潜伏区射击。

流弹击中了许多战士，烈火在考验着每一个潜伏的战士！

在这危险的时刻，邱少云成了所有潜伏战士的榜样，每个战士都下了决心，学习邱少云，做烈火金刚！

熊熊燃烧的大火，烧遍了邱少云的全身，邱

少云在越来越大的烈火中，忍着剧烈的疼痛，咬紧牙关，一动不动地坚持着。

烈火中永生

邱少云和他的战友们，牢记着部队首长的嘱咐："在任何情况下都不能暴露目标。"他们怀着对敌人的刻骨仇恨，强压着满腔怒火，等待着战斗时刻的到来。

时间过得真慢，邱少云还是纹丝不动地伏在那里。

邱少云昏过去了，昏迷中的邱少云，看见太阳落下山了，我军万炮齐鸣，三九一高地被炸得烟雾蒙蒙。自己从地上一跃而起，向敌人阵地的暗火力点冲去。他的步子快极了，像飞一样；他的身子轻极了，像要飘起来。他把一根根爆破筒插入一个个暗堡的射孔，然后又向前飞跑。

邱少云觉得潜伏的500名战友，也在向前飞跑，向前飘。

敌人像潮水似的后退，我军的坦克在向前奔驰，火箭炮在急速射击，轰炸机在轮番向敌军轰炸。

敌军阵地变成了火海。

邱少云在向前飞跑，向前飘。

500名战友都在向前飞跑，向前飘。

在昏迷中，邱少云的思维突破了时空。

他飘进一个挂着鲜红党旗的地方。党旗下站着师长和指导员。指导员举着右手、握拳，带领许许多多新党员宣誓。

他站在后面，庄严地举起右手、握拳。他在心里宣誓："为了实现共产主义，为了战斗的胜利，我愿意献出自己的一切！"

师长走到他面前，对他说："这次任务十分艰巨、重大，每一个战士都要时刻想到整体，在任何情况下，都不能暴露目标。”

邱少云说：“首长放心，为了战斗的胜利，为了朝鲜人民的解放，我什么都能受得住！”

指导员走到他面前说：“要顶住！”

班长、战友们、朝鲜老人、朝鲜孩子、妈妈、钓龟人依次走到他的面前，他们都在对他说：“要顶住！”

在昏迷中，他的神思继续飞翔。

他飘进北京天安门，和许许多多战友一起向城楼走去。彭总在城楼上，毛主席也在城楼上，向他们招手……

剧烈的疼痛又使邱少云从昏迷中醒过来。在烈火中，他又看到了战友，看到了依然高悬的太阳，邱少云知道自己方才做了一个美丽的梦。

战友们一直在盯着邱少云，从他昏迷的那一刹那，直到他被烈火烧醒，见他一直咬紧牙关没有哼一声。

观察所的首长看到了这一幕，双手攥得紧紧的。

烈火依然在熊熊燃烧。

邱少云的汗水已经被烧干，脸的颜色和烈火一样。

邱少云的全身都在被烧灼，身体被烧得发出声音，每一秒钟对邱少云来说，都是极为严峻的考验。

从潜伏开始，邱少云就把爆破筒压在自己的身下，防止雷管遇火爆炸。

烈火烧遍全身的邱少云，一直把爆破筒紧紧地压在自己身下，死死地压在身下。不管烈火把他烧到什么程度，他都要保证能够完成潜伏后的爆破任务。

从潜伏开始，邱少云就手中紧握冲锋枪，现在依然紧握。

冲锋枪已被烈火烧得滚烫，邱少云依然紧握，他要随时准备战斗。

从潜伏开始，邱少云就保持着一种随时准备跃起冲锋的姿势，现在还是保持这种姿势。

邱少云时刻准备着，当发起总攻的信号弹升

空时，自己要和战友们一起冲上三九一高地！

烈火更加凶猛，邱少云昂着头，咬紧牙关，圆睁着双眼，与万箭钻心般的疼痛拼死抗争……

邱少云又一次昏迷了。

这次昏迷时间很短，烈火又把邱少云烧醒，邱少云牙关咬得死死的，不出一点声响。

为了革命，为了胜利，邱少云再次咬紧牙关，顽强地忍受着烈火烧身的剧烈疼痛。他把手深深地插入泥土，他没有发出一声呻吟，直到最后壮烈牺牲。

烈火在邱少云身上烧了半个多小时，才渐渐地熄灭。这位伟大的战士，在烈火中纹丝不动的英雄形象，永远留在了指战员的心里。

为了500名战友的生命，为了战斗的胜利，邱少云献出了自己年轻的生命。

下午5点30分，中国人民志愿军向三九一高地进攻的号角吹响了，战士们怀着满腔复仇的怒火，以排山倒海之势向敌人扑去。

两颗红色信号弹腾空而起，敌人的一个加强

连全部被歼了，三九一高地上飘扬着我军胜利的红旗。

战士们的怒吼声在三九一高地上回旋，我志愿军战士全歼了高地上的敌军！

凯歌声中，指战员们心潮澎湃，久久地注视着邱少云牺牲的地方。那红色的腾腾烈火中，闪现着邱少云的巨大形象。

深远的影响

我抗美援朝志愿军，在实施决定性的战略反击之前，志愿军政治部组织了宣讲英雄人物事迹的报告团，报告团对在朝鲜战场涌现出来的英雄人物，及他们的事迹进行了整理，由第四十五师师长崔建功带领，到各部队作巡回报告。

邱少云的英雄事迹，在报告团的宣讲下，传颂到前线的各个角落，给我志愿军战士们的心中又添了一把火，邱少云的英雄事迹鼓舞了更多的战士，使他们成为英雄。

报告团的巡回演讲，拉开了向英雄邱少云学

习活动的序幕，从此，在我国学习邱少云的活动不断深入，直到今天，其所产生的巨大影响仍在延续着。

志愿军战士、二级英雄李元兴在他的《我的战友邱少云》的回忆录中，把邱少云的英雄事迹写得非常动人。

在回忆录中，李元兴同志这样写道：

我又轻轻地转过脸来，看了看伏在我身边不远处的邱少云同志，他伪装隐蔽得更好，相隔这么近，我都几乎没找到他。

这个青年同志就是这样使人喜爱，别看他平时沉默寡言的，可是不论在工作上、战斗上从来不用别人替他操心。

……

忽然一阵浓厚的棉布焦臭味钻进我的鼻子，我扭头一看，啊呀！一片烈火烧到了邱少云同志的身边，他的棉衣已经烧着了，浑身上下噗噗地向上蹿着火苗，看样子是溅上了燃烧弹的油液，火苗趁着风势，很快就连接成一团烈火，整个儿把他包围了。

在这个时候，他如果迅速地从火堆里跳出来，并且就地打几个滚身，是可以把身上的火熄灭的；如果我们卧在他附近的人们，任何一个人跳过去从火里把他拉出来，并且扯掉他着火的军衣，也能够救出自己的战友。

但是这样一来，我们就会被山头上敌人的哨兵发觉，那么，就不仅是我们这一个班要就地牺牲在这里，也不仅仅是埋伏在我们身后的整个潜伏部队要受到严重的损失，而更重要的是我们准备了好久的这次作战计划就要完全落空。

我的心紧缩着，我担心这个年轻的战士会在实在忍耐不住的情况下突然跳起来，或者突然叫喊出声来，那么，我们全班、我们全体潜伏部队，我们的反击计划……就一切都完了！毫无代价地完了！

邱少云呀！我的好同志！你千万……

我怀着紧张的心情，在等待着那个不堪设想

的结局。

当时我想，这个命运是注定了。当大火在身上燃烧的时候，谁能忍得住那种痛苦而不哼一声呢！

烈火在我的战友身上一直烧了半个多钟头才渐渐地熄灭了。

这个伟大的战士，一直到牺牲前的最后一息他都没有发出哪怕是极轻微的一声呻吟，他像一座千斤巨石似的伏在地上纹丝没动。

为了全体战友的生命，为了战斗的胜利，我的战友邱少云同志，战胜了烈火的考验，使自己成了英雄！

另一部记载着邱少云英雄事迹的《邱少云》写得也非常精彩，其中这样写道：

在朝鲜上甘岭的东面，平康以南屹立着一座雄伟的山峰，山峰的石壁上，刻着一行鲜艳夺目的红漆大字："为整体，为胜利而自我牺牲的伟大战士邱少云同志永垂不朽！”

这几个红色大字，像一朵朵红色的珊瑚，镶嵌在朝鲜人民共和国的锦绣山河中；它们，将世世代代、万古千秋地向人们叙说着一个动人心魄的故事。

1957年，辽宁师范学院中文系及共青团辽宁省委员会宣传部编写的《在烈火中永生——邱少云的故事》中，这样写道：

一有空隙时间，他就请识字的同志把毛主席的书读给他听，默默地思考着。

一天，邱少云的眼睛里射出火热的光芒，激动地对指导员说：

“指导员，我在旧社会受的苦，三天三夜也说不完，要不是毛主席、共产党把我从死亡线上救出来，我早就不知死在哪里了！

“我是个孤儿，革命队伍就是我的家，战友们都是我的亲兄弟！我一定要紧握手中枪。

“毛主席经常教导我们，要解放全人类，才能最后解放无产阶级自己。

“我决心一辈子照毛主席的话去做，为实现共产主义而战斗！”

烈火在邱少云身上翻滚着，他以顽强的革命意志，迎着残酷的烈火，表现了坚忍不拔的革命硬骨头精神。

1978年，郑群力同志写了《烈火金刚——一级英雄邱少云》，文中这样写道：

“邱少云的进步成长是与他刻苦学习革命理论分不开的。

有一次，指导员找少云谈心，他问少云：“你为什么要努力学文化？”

邱少云坚定地回答：“为了学习马列主义、毛泽东思想，用真理指导行动！”

邱少云同志忠于党、忠于人民，那种高度的组织纪律性，那种坚忍顽强的革命意志，那种高度自我牺牲精神，永远值得我们学习。

1989年，出版的《在志愿军总部》一书中，这样写道：

全军、全国闻名的英雄邱少云，是第十五军八十七团九连战士，四川省铜梁县人。为了攻占金化以西三九一高地，改善我军防御态势，师长向守志认真分析敌情、地形后，决定以第八十七团三营利用夜暗秘密接近三九一高地，潜伏于敌前沿。

10月11日夜，邱少云和战友们奉命到离敌阵地仅60米的地方执行潜伏任务。山坡上没有隐蔽身体的树木，只有一片茅草和无数的地雷。要在这样的地方隐蔽二十多个小时而不被敌人发现，是极其困难的。

邱少云和他的战友们懂得这次潜伏任务的重大意义和困难，决定完成潜伏任务。

到第二天十一点钟，敌人盲目发射的一颗燃

烧弹落在邱少云身边，烧着了身上的伪装野草。他这时要是站起来，是完全可以扑灭火苗的。但是，潜伏在这里的几百名战友就有被消灭的危险，原定的作战计划就会落空。

在这生死关头，邱少云没有这样做，而是咬着牙，忍着剧烈的痛苦，一动也不动，直到被烈火烧死。

潜伏在草丛里的战友们怀着满腔怒火，于下午5点30分直扑敌阵，迅速占领了敌人阵地，取得了战斗的胜利。

邱少云这种严守潜伏纪律，为整个战局的胜利而壮烈牺牲的英雄行为，成为全军的光辉典范，赢得了全军和全国人民的尊敬。

志愿军总部决定追授邱少云以特等功臣和一级英雄的称号。

邱少云所在部队追认他为中国共产党党员。邱少云的名字刻在朝鲜金化西面三九一高地的石壁上，与英雄的山岭共存不朽。

1996年7月，党中央和中央军委给予邱少云以更高的评价，称他为我军英模人物的杰出代表，“视纪律重于生命”，把他的画像和张思德、董存瑞、黄继光、雷锋、苏宁的画像一起，在“八一”的前夕印发全军，并在连以上单位悬挂、张贴。

中央军委委员、总政治部主任于永波同志说：“一个英雄就是一面旗帜。现在重新制作和悬挂著名英雄的画像，就是要引导广大官兵继承和发扬我军优良传统，像英模那样做人做事，在全军进一步造成学英模思想、走英模道路、创英模业绩的浓厚空气。

“统一悬挂、张贴党的三代领导核心的题词和英模画像，广泛开展学习题词，学习英模活动，必将激励全军将士，更加紧密地团结在以江泽民同志为核心的党中央、中央军委周围，把我军革命化、现代化、正规化建设提高到一个新的水平。”

邱少云这面旗帜将高高飘扬，永远飘扬！

邱少云同志那种高度的组织纪律性，那种坚韧顽强的革命意志，那种高度的自我牺牲精神，永远是我们学习的榜样。

邱少云是视纪律重于生命的典型代表。在中外历史上是前无古人，后无来者。

正如我国已故的著名女书法家肖娴所书："是真烈士，乃大英雄。"

邱少云那惊天动地、泣鬼神的无私奉献精神，从20世纪50年代起就广为传扬，威振四海，家喻户晓，深入人心。

在邱少云的精神鼓舞下，英雄楷模层出不穷，雷锋、王杰……涌现出了很多可歌可泣的英雄事迹，为党和人民立新功。

邱少云精神将永远激励着我们前进。

邱少云烈士永垂不朽！

永远的丰碑

抗美援朝中，我志愿军战士，为了保卫朝鲜人民的财产，人民的生命安全，涌现出了很多可歌可泣的英雄事迹，为党和人民立了新功。

这些志愿军战士，用鲜血谱写了壮丽的诗篇，与朝鲜人民结成了牢不可破的战斗友谊。

邱少云就是在这场战争中，在三九一高地的战场上，为了完成潜伏任务，严守革命纪律，他以超人的意志和毅力，忍受烈火烧身的痛苦，直到最后牺牲。

邱少云的舍小己顾大局、爱国爱民、舍己为

人精神将永远激励着我们前进。

战后，中国人民赴朝慰问团文艺工作团，在赠给特等功臣邱少云烈士的锦旗上写道：“献给中国人民志愿军伟大战士邱少云永垂不朽”。

志愿军第十五军全体指战员，在献给邱少云烈士家属的锦旗上写道：“祖国人民的光荣”。

四川省人民政府和四川省抗美援朝分会，在给邱少云烈士家属的锦旗上写道：“光荣之家”。

四川省军区司令部、政治部，在给邱少云烈士的家属的锦旗上写道：“伟大人民的战士，英雄不朽的功绩”。

为了表彰邱少云崇高的集体主义精神和顽强的革命意志，其所在部队党委会追认邱少云为中共正式党员，并追授“模范青年团员”称号。

1952年11月6日，中国人民志愿军领导机关，给邱少云同志追记特等功。

1953年6月1日，又追授他“中国人民志愿军一级英雄”称号。

同年6月25日，朝鲜民主主义共和国最高人民议会常务委员会，授予邱少云“朝鲜民主主义共和国英雄”称号，同时授予金星勋章、一级国旗勋章，并将邱少云的名字刻在金化西面的三九一高地的石壁上：“为整体、为胜利而牺牲的伟大的战士邱少云同志永垂不朽！”

特别是1952年12月4日，《人民日报》刊登了来自朝鲜前线的一篇通讯——《伟大的战士邱少云》。

从此，志愿军战士邱少云严守战场纪律，以自我牺牲精神确保战斗胜利的事迹，传遍大江南北，令千万人惊叹，更成为了他们的榜样。

电视纪录片《感动中国——共和国100人物志》是这样评价邱少云的：邱少云——最坚忍的潜伏。这是存放在中国人民革命军事博物馆展厅中的一支普通的钢枪。它的枪托已被烧成了炭黑色，但枪身却依然完整。而这巴掌大小的军衣残片，曾经紧贴过烈士最后的心跳。烈火虽然吞噬了一个年轻的生命，却在中国军史上留下了一个伟大的名字：邱少云。

在半个多世纪前的朝鲜战场上，这位四川籍战士，用最坚忍的潜伏，完成了中国士兵最勇猛的突击。

附录：

邱少云的名言

我在旧社会受的苦，三天三夜也说不完，要不是毛主席、共产党把我从死亡线上救出来，我早就不知死在哪里了！

我是个孤儿，革命队伍就是我的家，战友们都是我的亲兄弟！我一定要紧握手中枪。

毛主席经常教导我们，要解放全人类，才能最后解放无产阶级自己。

让疤痕成为你的勋章，让泪水成为你的骄傲！

我决心一辈子照毛主席的话去做，为实现共产主义而战斗！

图书在版编目（CIP）数据

邱少云 / 孙莹莹编著.-- 哈尔滨 : 黑龙江美术出版社, 2019.11（2020.7重印）
（中国梦. 青少年致敬英雄篇）
ISBN 978-7-5593-5747-2

Ⅰ. ①邱… Ⅱ. ①孙… Ⅲ. ①邱少云（1931-1952）- 生平事迹 - 青少年读物 Ⅳ. ①K825.2-49

中国版本图书馆CIP数据核字(2019)第267818号

中国梦 · 青少年致敬英雄篇 · 邱少云

ZHONGGUOMENG · QINGSHAONIAN ZHIJING YINGXIONG PIAN · QIUSHAOYUN

编　　著/ 孙莹莹
责任编辑/ 陈颖杰
装帧设计/ 王　瞰
出版发行/ 黑龙江美术出版社
地　　址/ 哈尔滨市道里区安定街225号
邮政编码/ 150016
发行电话/（0451）84270514
经　　销/ 全国新华书店
印　　刷/ 三河市兴国印务有限公司
开　　本/ 720 × 1020　1 / 16
印　　张/ 11
字　　数/ 100千
版　　次/ 2019年11月第 1 版
印　　次/ 2020年 7 月第 2 次印刷
书　　号/ ISBN 978-7-5593-5747-2
定　　价/ 20.00元